NARREN

NARREN

ALTE BUDDHISTISCHE GESCHICHTEN
VOLLER WEISHEIT UND IRONIE AUS DEM
EIN HUNDERT PARABEL SUTRA
ÜBERSETZT UND NEU ERZÄHLT VON
KAZUAKI TANAHASHI
UND PETER LEVITT

 ENSO - VERLAG

Bibliografische Information der Deutschen Nationalbibliothek. Die Deutsche Nationalbibliothek verzeichnet diese Publikation in der Deutschen Nationalbibliografie; detaillierte bibliografische Daten sind im Internet über http://dnb.d-nb.de abrufbar.

Satz und Herstellung: Digitaldruck Leibi.de
ClimatePartner O
klimaneutral
Copyright © 2010 Regina Oberndorfer

ISBN 978-3-9813504-1-8
www.enso-verlag.de

INHALTSVERZEICHNIS

VORWORT 9
BEMERKUNGEN ZUM ORIGINALTEXT UND DANKSAGUNGEN 14
EINLEITUNG 21

BAND EINS
1 SALZ ESSEN 28
2 DIE MILCH EINES DUMMKOPFES 30
3 EIN MANN, DESSEN KOPF MIT EINER BIRNE MALTRÄTIERT WURDE 32
4 DIE TREULOSE FRAU 34
5 DER DURSTIGE MANN 36
6 DER MANN, DER SEIN KIND UMBRACHTE 38
7 DER SCHWINDLER 40
8 DER DIEB UND DIE SCHATZKAMMER 42
9 DER TUGENDHAFTE VATER 44
10 DER DREISTÖCKIGE TURM 45
11 DER BRAHMANE, DER EIN KIND TÖTETE 48
12 BRAUNE ZUCKERBRÜHE 51
13 EIN HITZIGES TEMPERAMENT 52
14 DER REISEFÜHRER 54
15 DER QUACKSALBER 57
16 ZUCKERROHR 60
17 DAS PFENNIG-DARLEHEN 62
18 DER SCHLEIFSTEIN IM HOHEN TURM 64
19 DIE ALMOSEN-SCHALE 66
20 DER TYRANN 68
21 DIE FRAU, DIE SICH NOCH EIN ZWEITES KIND WÜNSCHTE 70

BAND ZWEI

22 ALOE WEIHRAUCH 72

23 GESTOHLENER BROKAT 74

24 SESAM SAMEN 75

25 FEUER UND WASSER 76

26 AUGENZWINKERN 78

27 DIE PEITSCHENVERLETZUNG 80

28 DIE NASE 82

29 DIE GROB GEWEBTE ROBE 84

30 DER SCHÄFER 86

31 DER TÖPFER UND DER BRAHMANE 89

32 DER GOLDDIEBSTAHL 92

33 EIN AUSGEZEICHNETER FRÜCHTEBAUM 94

34 QUELLWASSER 96

35 DER SPIEGEL IN DER SCHATZKISTE 98

36 DAS AUGE DES ZAUBERERS 100

37 DER MANN, DER SEINE KÜHE TÖTETE 103

38 DIE HÖLZERNE WASSERRINNE 104

39 VERPUTZ AUS REISSTROH 106

40 EIN MITTEL GEGEN EINE GLATZE 108

41 FLEISCHFRESSENDE DÄMONEN 110

BAND DREI

42 DER HAUSIERER UND DIE KAMELHAUT 114

43 EINEN STEIN POLIEREN 116

44 EIN HALBER REISKEKS 118

45 DER DIENSTBOTE, DER AUF DIE HAUSTÜR AUFPASSTE 120

46 DER GESTOHLENE BÜFFEL 122

47 DER ENTEN-RUF 124

48 DER FUCHS UND DER HERABGEFALLENE AST 126

49 EINE HANDVOLL HAAR 128

50 DER DOKTOR UND DER BUCKLIGE 130

51 DAS TEILEN EINES DIENSTMÄDCHENS 131

52 DER ENTERTAINER 132

53 DIE BEINE DES LEHRERS 133

54 KOPF UND SCHWANZ 134

55 DER BART DES KÖNIGS 136

56 DIE BITTE UM NICHTS 138

57 DIE SPUCKE DES REICHEN MANNES 140

58 GERECHTES TEILEN 142

59 DER LADEN DES TÖPFERS 144

60 DIE GOLDENE SPIEGELUNG 146

61 DER SCHÜLER DES MAHABRAHMANEN 148

62 EIN KRANKER MANN 150

63 DAS DÄMONEN-KOSTÜM 152

64 DER DÄMON IM HAUS 154

65 FÜNFHUNDERT SÜSSE KUCHEN 157

BAND VIER

66 DIE REISE 164

67 DIE REISKUCHEN 166

68 EIN GROLLENDER MANN 168

69 DER SCHNELLESSER 170

70 MANGO-FRÜCHTE EINES REICHEN 172

71 DER BIGAMIST 174

72 EIN MUND VOLL REIS 176

73 DER FEIGE SOLDAT 178

74 DER HINTERLISTIGE BRAHMANE 181

75 DAS KAMEL UND DER TOPF 182

76 DIE PRINZESSIN UND DER BURSCHE VOM LAND 184

77 DIE ESELSMILCH 186

78 DAS KIND, DAS SICH ALLEIN AUF DEN WEG MACHTE 188

79 DES KÖNIGS ARMLEHNE 189

80 DAS WASSER EINES KLISTIERS 190

81 DER BÄR UND DAS KIND 192

82 EIN FELD BESTELLEN 194

83 DER AFFE UND DER FIESE MANN 196

84 DIE MONDFINSTERNIS 197

85 DIE AUGEN EINER FRAU 198

86 DIE GOLDENEN OHRRINGE 199

87 DAS FARBLOSE STÜCK STOFF 200

88 AFFEN-BOHNEN 201

89 DAS GOLDENE STINKTIER 202

90 MÜNZEN ZÄHLEN 204

91 WENIG EIGENTUM 205

92 DAS GIERIGE KIND 206

93 DIE FRAU UND DER BÄR 207

94 DAS JUWEL UND DIE WASSERLEITUNG 208

95 EIN TAUBENPAAR 210

96 DER MANN, DER SEINE AUGEN HERAUSRISS 212

97 DIE VERSTECKTE MÜNZE 214

98 DIE SCHILDKRÖTE 217

ÜBERSICHT ÄHNLICHER GESCHICHTEN 220

VORWORT Selten findet man eine Person, die vollkommen weise ist, und wohl noch seltener gibt es eine Person, die völlig dumm ist. Tatsächlich ist es fast ganz unmöglich einen vollkommenen Narren zu finden, daher sollte ein solcher wertgeschätzt werden. Diese Gleichnisse sind eine Schatztruhe von Narren. Alte Narren. Historische Narren. Makellose Narren. Narren sind so außergewöhnlich unklug, dass sie nur in Geschichten wie diesen existieren — zumindest scheint es so. Einer der reizvollsten Aspekte dieser Parabeln ist, wie die übertriebenen Gedanken und Taten dieser Narren exakt die Elemente der menschlichen Natur in jedem Land und zu jeder Zeit widerspiegeln, unserer eingeschlossen.

Mit einzigartiger Klarheit erzählt, hoffte der ursprüngliche Übersetzer, dass sie sich für die Anhänger und Schüler des Buddha Weges als nützlich erweisen sollten. Diese Geschichten bauschen unsere Schwächen und Torheiten, unsere Neigungen, Impulse und Täuschungen auf und dienen als wertvoller und präziser Spiegel unserer menschlichen Verfassung. Wenn wir Zeugen werden, welche einfältigen, verrückten und manchmal verletzenden Dinge diese Narren sagen, denken und auch tun, dann lachen wir darüber oder schütteln unseren Kopf über so viel Naivität. Jedoch ist unsere Reaktion darauf von unserem Bewusstsein überschattet, das unsere eigenen

Torheiten vor unseren Augen zur Schau stellt. Beim Lesen dieser Geschichten verwandelt sich oftmals unser Gelächter oder Entsetzen in ein Wiedererkennen und Einsicht. Da diese Gleichnisse dazu geeignet sind solche Wiedererkennung zu erwecken, helfen sie uns, Weisheit und Mitgefühl bei unserer Suche nach wahrem Verständnis zu kultivieren und in der Welt keinen Schaden anzurichten.

Dieses Geschenk erhalten wir durch die Narren.

Beim erstmaligen Lesen der englischen Übersetzung des *Einhundert Parabel Sutra*, aus dem Chinesischen von Kazuaki Tanahashi übersetzt, vertieften die Gleichnisse meine Aufmerksamkeit. Ihre Absicht und Bedeutung war so folgerichtig, die Erkenntnis so durchdringend, dass sie eine erweiterte Meditation zu größerem Selbst-Erkennen bereitstellten. Als ich eine Zeitlang daran arbeitete, wollte ich ihren ursprünglichen Sinn bewahren und mich gewissenhaft an die vorhandenen Details und die zugrundeliegenden Lehren halten. Dieses intensive Studium lehrte mich zu sehen, wie brillant diese Narren den subtilen, unbewussten Impuls, der auf der Geistesebene der menschlichen Psyche erscheint, wiedergeben. Da es in der kurzen Zeitspanne unserer vergänglichen Leben für unser psychologisches Verteidigungssystem gewöhnlich schwierig ist, solche Impulse zu bemerken (ihre zunehmende Beständigkeit sozusagen), ist es meine Hoffnung, dass

Leser sich zu mir gesellen und die unermessliche Weite des Spiegels, den diese Parabeln bieten, willkommen heißen.

Dies bringt mich zur Aussage der Lehren, die jede Geschichte beendet. Ursprünglich in der Absicht erzählt, den buddhistischen Anhängern zu helfen, Fallgruben zu vermeiden, das Engagement zu stärken und das Verständnis weiter zu entwickeln, erwiesen sie sich bei der Anwendbarkeit auf die heutige Zeit gelegentlich als problematisch. Manchmal musste ich mich in den Text der Parabel immer wieder vertiefen, um herauszufinden, was wohl die ursprüngliche Bedeutung gewesen sein könnte. Ich hoffe aufrichtig, dass es mir möglich war, den schwer fassbaren Gedankengang zu entdecken, so dass jede Parabel, so wie sie ist, verständlich und vollkommen ist.

Wie Kaz angedeutet hat, gibt es für die Gleichnisse mehr als nur eine Quelle, entsprechend der Verschiedenheit der Stile. Um den Originaltext so originalgetreu wie nur möglich wiederzugeben, entschieden wir uns, den Parabeln nicht ein von uns vereinheitlichtes Muster überzustülpen, sondern die unterschiedliche Natur der Geschichten so zu bewahren, wie wir sie vorfanden.

Schließlich muss ich noch gestehen, dass ich diese Geschichten liebe. Nahezu jeder Fall, gleich welche Erkenntnis ich gewann, während ich in ihrer Welt verweilte, war von einem herrlichen und fast kindhaftem Entzücken begleitet. Es gab Zeiten, in denen ich über das Wiedererkennen meiner eigenen Dummheit oder der Dummheiten meiner Freunde lachte und ich fühlte mich erneuert, versöhnlich und verzeihend. Es passierte sogar, dass ich diese Geschichten meinen Freunden am Telefon erzählte, bevor es mir selbst bewusst wurde. Wir lachten viel zusammen.

Es war eine große Freude dieses Projekt mit Kaz durchzuführen. Zusätzlich zu seinen vielen Talenten als Schriftsteller, Kalligraph und Maler, ist er der klassische weise Narr par excellence. Ich fühle mich glücklich, dass ich mit ihm zusammen diese Gleichnisse über die Jahre hinweg bearbeiten konnte, aber es stellte sich ein Problem heraus, das uns nicht möglich war zu lösen: zwei Narren fehlen. Wie der Titel des Buches andeutet, basieren die *Narren* auf dem *Einhundert Parabel Sutra*, und trotzdem ließen sich nur achtundneunzig Gleichnisse finden. Als ich dies bemerkte, fragte ich Kaz, ob er die zwei fehlenden *Narren* irgendwo gesichtet hätte. Er meinte, er hätte überall gesucht, könne sie aber nicht ausfindig machen. Ich sagte ihm, dass ich das auch schon versucht hatte, aber genauso wenig erfolgreich war. Danach schauten wir uns eine ganze lange Weile an und wussten nicht, was wir machen sollten.

— *Peter Levitt*
Salt Spring Island, British Columbia

BEMERKUNG ZUM ORIGINALTEXT UND DANKSAGUNG

Der Originaltext dieses Buches ist eine chinesische buddhistische Schrift genannt *Bayu-jing* (das *Einhundert Parabel Sutra*). Im frühen sechsten Jahrhundert unserer Zeitrechnung erschien dieses Sutra in Sengyous *Liste der übersetzten Tripitaka* als Text, der von Gunavriddi, einem buddhistischen Lehrer aus Zentralindien, im Jahre 492 aus dem Sanskrit ins Chinesische übersetzt wurde.

Wie Sengyou berichtet, hat Sanghasena, ein Mahayana-Buddhismus Lehrer, Geschichten aus Schriften ausgewählt, um mit ihrer Hilfe Anfängern des Weges den Dharma näherzubringen. Sein Schüler Gunavriddi lernte die Texte zusammen mit vielen anderen Sutras auswendig. Dann reiste er nach China und ließ sich in Jianye (dem heutigen Nanjing), der Hauptstadt des südlichen Königreichs Qi, nieder. Hier übersetzte er dieses Sutra in zehn Teilbänden. (Ein Teilband besteht aus einem kapitellangen Text, der als eigene Buchausgabe gebunden ist.) Gunavriddi übersetzte auch das *Ältere Sudatta Sutra* und das *Sutra des zwölfgliedrigen Pfades der bedingten Entstehungen*. Er gründete den Zhiguan Tempel in Jianye, lehrte den Dharma und starb im Jahr 502.

Traditionellerweise wird ein Sutra als Rede des Buddhas betrachtet, das von seinem Schüler Ananda überliefert wurde und mit den Worten „So habe ich gehört" beginnt. Aus diesem Grunde waren die Übersetzer immer anonym. Dies trifft auch auf die Mahayana Sutren zu, von denen man weiß, dass sie erst Jahrhunderte nach Shakymuni Buddhas Lebenszeit aufgetaucht sind. In diesem Zusammenhang ist das *Einhundert Parabel Sutra*, dessen Übersetzer bekannt ist, einzigartig.

Da der Sanskrit Text des *Einhundert Parabel Sutra* verloren ging, kennen wir nicht seinen Originaltitel. Jedoch können wir vermuten, dass der Übersetzer Sanghasena diesen Text nicht als Sutra, sondern eher als *Upama Shataka* bezeichnete. „Upama" bedeutet *Gegenüberstellung* oder *Gleichnis*. „Shataka" bedeutet *einhundertfach*. Das Wort „Sutra" und der einleitende Textabschnitt, der mit „So habe ich gehört" beginnt, mag von Gunavriddi oder jemand anderem zu einem späteren Zeitpunkt der chinesischen Version hinzugefügt worden sein. (In ähnlicher Weise ist dies auch mit dem *Prajna Paramita Herz Sutra* erfolgt. Während seine chinesischen Versionen alle das Wort „jing" [Sutra] im Titel aufweisen, erscheint es nicht in seiner Sanskrit Ausführung.)

Manche Geschichten des *Einhundert Parabel Sutra* entsprechen einigen in anderen buddhistischen Schriften. (Siehe die Übersicht ähnlicher Geschichten im Anhang.) Auffallenderweise erscheinen sechsundvierzig Geschichten, die diesem Sutra ähneln, auch in einem nicht buddhistischen Sanskrit Text, dem *Ozean der Geschichten (Katha-sarit-sagara)*, der im elften Jahrhundert von Somadeva in Indien übersetzt wurde. Es scheint, als hätte im fünften Jahrhundert zu Sanghasenas Zeit bereits eine Sammlung von Geschichten existiert, entweder in Textform oder als mündliche Überlieferung, die für beide, dem *Einhundert Parabel Sutra* und dem *Ozean der Geschichten*, als Hauptquelle dienten. Interessanterweise haben die Geschichten 15 und 56 dieses Sutra einen übereinstimmenden Inhalt. So ist es zum Beispiel auch bei den Fabeln von La Fontaine und denen der *Arabischen Nächte*.

Durch das Studium der verschiedenen Listen übersetzter Sutras, die in China über die Jahrhunderte hinweg zusammengetragen wurden, wissen wir, dass das *Einhundert Parabel Sutra* in Versionen von ein, zwei, vier und zehn Bänden bestand. Allein die vierbändige Ausgabe überlebte und wurde in den chinesisch sprachigen buddhistischen Kanon aufgenommen. Sie wurde von ostasiatischen Buddhisten über mehr als eintausend Jahre gelesen, studiert und überliefert.

Die wichtigsten Holzdruckeditionen des chinesischen buddhistischen Kanon sind: die in Korea zusammengetragene Koryo Version, 1011; die Song Version, 1239; die Yuan Version 1290; und die Ming Version, 1601. Die letzten drei Versionen wurden in China zusammengestellt und veröffentlicht. Das *Taisho Shinshu Daizokyo*, das 1932 in Japan vervollständigt wurde, schließt die auf der Koryo-Version basierenden Sutras mit Varianten aus den anderen Versionen ein. Unsere Übersetzung basiert auf einer Kopie der Koryo Version, die im Zojo Tempel in Tokyo aufbewahrt wird.

Eine bemerkenswerte Tatsache dieser Koryo Ausgabe dieses Sutras ist, dass seine Einleitung „So habe ich gehört" am Beginn des zweiten Buches erscheint. Wir haben es an den Anfang des Sutras gesetzt.

Lu Xun (1881 - 1936), ein bahnbrechender Roman-autor und Geschichtenschreiber im modernen China, liebte dieses Sutra dermaßen, dass er es auf eigene Kosten mit dem Jinling Kejing Verlagshaus in Nanjing veröffent-lichte. Meine japanische Übersetzung dieses Sutras wurde 1969 mit dem Verlag Seishin Shobo, Tokyo, unter dem Titel *Upama Shataka: Hyakuyu-kyo* publiziert.

Meiner Ansicht nach ist das *Einhundert Parabel Sutra* das humorvollste Sutra des gesamten buddhistischen Kanons. Seit 1966, als Seville Clark mir bei der Übersetzung dieses Sutras aus dem Chinesischen half, war es meine Hoffnung, dass dieser Text eine große Leserschaft und Anklang in der westlichen Welt finden möge. Linda Hess und Brian Unger unterstützten mich bei der Verbesserung der Übersetzung in den 80er Jahren. Peter Levitt hat sie klug neu erzählt und dadurch Lesern der heutigen Zeit zugänglich gemacht.

Charles Rue Woods von Grove Press erkannte das Potential des Manuskriptes für ein Buch und half mir es zu veröffentlichen. Eine große Anzahl von Personen hat mit ihrer Unterstützung zu diesem drei-Dekaden-langen Projekt beigetragen. Peter und ich möchten allen von ihnen unseren Dank aussprechen, im Besonderen Patricia Enkyo O'Hara Sensei, die durch das Vorlesen einer der Geschichten in ihrem Village Zendo in New York City den Grundstein für eine Veröffentlichung legte, und Shirley Graham für ihre redaktionellen Ratschläge. Wir danken Andrea Liebers, die fünf Geschichten dieses Sutras auf Deutsch übersetzte und sie in der Zeitschrift *Lotus Blätter* veröffentlichte, und Helen Tworkov für die Veröffentlichung einer Geschichte im Magazin *Tricycle*. So sind diese alten Geschichten schließlich in unserer Gegenwart angekommen.

— *Kazuaki Tanahashi*
Berkeley, Kalifornien

NARREN

SO HABE ICH GEHÖRT...

Einst befand sich der Buddha im Kalandaka Bambus Hain in der Stadt Rajagriha. Viele bedeutende Mönche und Bodhisattvas[1], großartige Wesen, sowie eine Menge von sechsunddreißigtausend Wesen der acht Klassen[2] waren mit ihm zusammen dort anwesend. Weiterhin waren auch fünfhundert Brahmanen dort.

Als alle versammelt waren, erhoben sich die Brahmanen von ihren Plätzen und wandten sich an den Buddha:

„Da wir hören, dass der Buddha-Weg grenzenlos und unvergleichlich ist, sind wir gekommen, um einige Fragen vorzutragen. Wir bitten dich, sie uns zu beantworten."

Der Buddha sagte: „Sehr gut", und die Brahmanen begannen, ihre Fragen zu stellen.

„Existiert die Welt oder nicht?", fragten sie.

„Die Welt existiert", antwortete der Buddha, „und sie existiert nicht."

„Wenn sie existiert", sagten die Brahmanen, „warum sagst du, dass sie nicht existiert? Und wenn sie nicht existiert, warum sagst du, dass sie existiert?"

„Die Welt existiert für die Lebewesen", erklärte der Buddha. „Und für die Toten existiert sie nicht. Daher existiert die Welt und existiert auch nicht."

„Woher kommen die menschlichen Lebewesen?", fuhren die Brahmanen fort.

„Die menschlichen Lebewesen entstehen aus den fünf Körnern."

„Und woher kommen die fünf Körner?", fragten sie.

„Die fünf Körner stammen von den vier großen Elementen[3]."

„Und die vier großen Elemente? Woher kommen sie?"

„Die vier großen Elemente entstammen dem leeren Raum", sagte der Buddha.

„Woher kommt der leere Raum?", fragten sie weiter.

„Dieser kommt aus der Nichtexistenz."

„Und Nichtexistenz?", fragten die Brahmanen. „Woher kommt die Nichtexistenz?"

„Nichtexistenz kommt von Soheit", antwortete der Buddha.

„Und woher kommt Soheit?", wollten die Brahmanen wissen.

„Soheit kommt von Nirvana[4]", sagte der Buddha.

„Woher kommt dann Nirvana", fragten sie schließlich.

„Nun stellt ihr eine wirklich tiefgründige Frage", sagte der Buddha. „Das, was nicht geboren ist und nicht stirbt, ist Nirvana, der Zustand beständiger Glückseligkeit."

„Bist du, Buddha, ins Nirvana eingetreten?", fragten die Brahmanen.

„Nein", antwortete der Buddha, „ich habe Nirvana noch nicht erreicht."

„Wenn du noch nicht ins Nirvana eingetreten bist", sagten die Brahmanen, „wie kannst du dann wissen, dass das Nirvana der Zustand beständiger Glückseligkeit ist?"

Der Buddha überdachte seine Antwort sorgfältig: „Nun möchte ich euch ein paar Fragen stellen", sagte er. „Erfahren menschliche Wesen Leiden oder erfahren sie anhaltende Glückseligkeit?"

„Menschliche Lebewesen erfahren sehr viel Leid", stimmten die Brahmanen untereinander zu.

„Warum sagt ihr, dass sie Leid erfahren?", fragte der Buddha nach.

„Wir sehen menschliche Lebewesen, wie sie kurz vor ihrem Tode unermessliche Leiden ertragen müssen", entgegneten sie. „Daher wissen wir, dass der Tod schmerzhaft ist."

„So", sagte der Buddha, „ihr seid noch nicht gestorben, aber ihr wisst, dass der Tod schmerzhaft ist. Ich sehe alle Buddhas in den zehn Richtungen ungeboren und nichtsterbend; daher weiß ich, dass Nirvana beständige Glückseligkeit ist."

Als wären sie eine einzige Person hatten die fünfhundert Brahmanen zusammen eine großartige Erkenntnis. All ihre Zweifel wurden für immer beseitigt. Sie baten um die fünf Gebote[5], erhielten die Frucht der Strom-Eintretenden[6] und nahmen auf ihren Sitzen Platz.

Nachdem sich ein jeder niedergesetzt hatte, sprach der Buddha zur Versammlung: „Nun habe ich einige Gleichnisse für euch. Hört aufmerksam zu." Dann begann der Buddha.

¹ Bodhisattva: Ein Sucher des Weges, der gelobt, alle menschlichen Lebenwesen zu retten, bevor er selbst ins Nirvana eintritt.

² Acht Gruppen: Typen von Gottheiten, die Buddhas Lehren beschützen: 1) Devas (Götter); 2) Nagas (Drachen); 3) Yakshas (Teufel); 4) Gandharvas (musische Gottheiten); 5) Garudas (vogelköpfige Gottheiten); 6) Asuras (kriegerische Gottheiten); 7) Kinnaras (Gesang-Gottheiten) und 8) Mahoragas (schlangenköpfige Gottheiten).

³ Die vier großen Elemente: Erde, Wasser, Feuer und Luft.

⁴ Nirvana: Der endgültige Zustand der Existenz, in dem man vom Geburtenkreislauf, von Geburt und Tod, befreit ist.

⁵ Fünf Gebote: Nicht Töten, nicht Stehlen, nicht Ehebrechen, nicht Lügen, keine Rauschmittel. Diese Gebote für Laien sind in den zehn Geboten für Mönche mit enthalten.

⁶ Strom-Eintretender: Einer, der anfängt, den Buddhismus zu praktizieren.

BAND EINS

SALZ ESSEN Vor langer Zeit wurde ein ziemlich dummer Mensch von seinem Nachbarn zu einer Mahlzeit eingeladen. Als das Essen aufgetragen wurde, war jener verstimmt, weil er die Speisen zu fade fand. Sein Nachbar bemerkte dies und versuchte die Situation sofort in Ordnung zu bringen, indem er dem dummen Kerl Salz anbot. Nachdem dieser ein bisschen Salz auf sein Mahl gestreut und einen Bissen genommen hatte, sprach er zu sich selbst: „Das Salz hat dem Essen einen richtig guten Geschmack gegeben. Wenn so eine kleine Menge Salz eine so gewaltige Wirkung vollbringt, kaum vorzustellen, was eine große Menge Salz ausrichten könnte!" Zum Erstaunen seines Nachbarn schob er nun sein Mahl beiseite und begann das Salz ganz ohne etwas Anderes zu essen. Natürlich dauerte es nicht lange bis diesem Depp sein Mund wehtat, und er anstatt hocherfreut zu sein nun vor Schmerzen aufstöhnte.

Eine Person, die das Verständnis des Weges falsch auslegt, ist gerade so wie jener Trottel. Sie hört, dass der Weg durch wenig Essen und Trinken gemeistert wird und so fastet sie sieben oder sogar fünfzehn Tage lang. Schließlich hungert sie ganz vergeblich und begreift überhaupt nichts vom Weg. Bedenke dies gründlich und du wirst zugeben müssen, dass es so ist.

DIE MILCH EINES DUMMKOPFES In alten Zeiten versandte ein Dummkopf Einladungen zu einem Fest in seinem Haus, das einen Monat später stattfinden sollte. Er hatte vor, seinen Gästen zum Essen Milch zu servieren. Als er weiter darüber nachdachte, kam er zu folgendem Entschluss: „Wenn ich die Kuh jetzt melke, habe ich keinen Platz die Milch aufzubewahren und sie wird vor dem Fest vielleicht verdorben sein. Es wäre viel besser die Milch so lange im Bauch der Kuh zu lassen. Wenn dann meine Gäste erschienen sind, werde ich die Kuh melken und die Milch frisch servieren." Angetan von seinem Plan band er das Kälbchen der Kuh an der einen Seite des Stalles fest und die Kuh an einem weiter entfernten Platz, damit nicht ein einziger Tropfen Milch bis zu seinem Fest verloren gehen möge.

Der große Tag seines Festes kam nun einen Monat später und der einfältige Mann empfing freundlich seine Gäste. Nachdem sie alle versammelt waren, brachte er mit großem Tamtam die Kuh herbei. Aber als er sich niedersetzte um sie zu melken, war ihre Milch vollständig versiegt. Nicht ein einziger Tropfen Milch fiel in den Eimer. Als die Gäste dies sahen und hörten, was er angestellt hatte, wurden einige von ihnen ärgerlich, aber die meisten schüttelten nur einfach ihre Köpfe und lachten über seine törichte Vorgehensweise.

30

Dieser Dummkopf verhält sich wie jemand, der eine Handlung der Großzügigkeit ausüben möchte, aber sich dann entschließt zu warten, bis er genügend finanzielle Mittel dazu hat. Jedoch weiß keiner, was die Zukunft für ihn bereithält. Und bevor man etwas zusammensparen kann, mag schon etwas Unvorher- gesehenes über einen hereinbrechen: man muss enorm hohe Steuern nachzahlen oder ist das Opfer eines Feuers oder einer Überschwemmung, oder man wird ausgeraubt und verliert das Wenige, das man beiseitelegen konnte. Vielleicht verliert man sogar sein Leben. Das allerbeste ist, sofort zu geben. Genauso ist es.

EIN MANN, DESSEN KOPF MIT EINER BIRNE MALTRÄ-TIERT WURDE Vor langer Zeit gab es einmal einen kahlköpfigen Trottel, der einem anderen Einfältigen begegnete. Dieser schlug dem Trottel einfach nur zum Spaß mit einer Birne auf den Kopf. Nach einigen weiteren Schlägen war der Kopf des bemitleidenswerten Trottels gänzlich mit Beulen übersät. Er ließ dies in aller Ruhe mit sich geschehen und kam noch nicht einmal auf die Idee, davonzurennen. Als die Angriffe aufhörten, sagte ein Mann, der den Vorfall beobachtet hatte, zu ihm: „Warum bist du nicht vor den Schlägen weggelaufen, anstatt sie auszuhalten und verletzt zu werden?" Der Trottel entgegnete: „Ich hielt es aus, weil der andere so dumm ist. Er prahlt fortwährend und versucht ständig auf alle erdenkliche Weise zu beweisen wie stark er ist. Er sah, dass ich kahl bin, aber er war so einfältig und hielt meinen Kopf für einen Stein. Deshalb haute er mit der Birne darauf."

Der andere Mann erwiderte: „Wie kannst du *ihn* denn dumm nennen? Du bist der Dumme. Nur ein ausgewachsener Hornochse würde solche Schläge auf sich nehmen und nicht dran denken wegzurennen!"

Ein Mönch ohne tiefes Vertrauen, der weder die Gelübde einhalten noch die Weisheit kultivieren kann, ist wie jener Dummkopf, der die Schläge auf sich nahm und nur von der Dummheit des anderen sprechen konnte. Während er die äußere Form der

Übung einhält und daraus einen kleinen Nutzen zieht, vergeudet er letztendlich sein ganzes Leben ohne die simpelsten Dinge zu verstehen. So ein Mönch ist wirklich ein Dummkopf.

DIE TREULOSE FRAU Eines Tages gab es einen Dummkopf, dessen Frau sehr hübsch war. Er liebte sie aus ganzem Herzen, aber sie war ihm nicht treu und traf sich heimlich mit einem anderen Mann. Schließlich wurde ihr Begehren so groß, dass sie sich entschloss, ihren Mann zu verlassen und mit dem Liebhaber durchzubrennen. Sie verabredete sich mit einer alten Frau, die ihre Freundin war, und vertraute dieser ihren Plan an. „Nachdem ich weggegangen bin", sprach sie zu ihr, „bringe den Körper einer verstorbenen Frau in unser Haus, damit mein Ehemann ihn entdeckt. Wenn er ihn dann sieht, sage ihm, dass ich tot bin."

Die alte Frau stimmte diesem Plan zu. Nachdem die Ehefrau das Haus verlassen hatte, wartete sie, bis auch der Ehemann gegangen war. Dann brachte sie einen weiblichen Leichnam dort hinein, damit ihn der Ehemann bei seiner Rückkehr entdecken möge.

Als der Ehemann zurückkam, passte ihn die alte Frau am Eingang ab und sagte zu ihm: „Es tut mir leid, Dir Folgendes mitteilen zu müssen. Während du weggegangen warst, ist deine Frau gestorben." Der Ehemann eilte ins Haus, sah den Leichnam einer Frau, und weil er glaubte, das wäre seine Frau, begann er bitterlich zu weinen und um sie zu trauern. Entsprechend der Sitte sammelte er dann Öl und Holz, um einen Scheiterhaufen zu errichten, und verbrannte den Körper. Nach der Feuerbestattung füllte er die übrig gebliebene Asche und Knochen in eine Tasche, die er Tag und Nach bei sich trug.

Lange Zeit später wurde die Frau dieses Dummkopfes ihres Liebhabers überdrüssig und entschied sich, wieder nach Hause zurückzukehren. Sie ging zum Haus, das sie gemeinsam bewohnt hatten, und sagte zu ihm, als er die Tür öffnete: „Ich bin deine Frau. Ich bin nach Hause zurückgekommen." Darauf antwortete der Mann: „Wie kannst du so etwas behaupten? Meine Frau ist schon vor langer Zeit gestorben. Wie kannst du es wagen vor zugeben, dass du meine Vielgeliebte wärst?" Seine Ehefrau konnte ihren Ohren nicht glauben. Sie versuchte alles Erdenkliche um ihn zu überzeugen, aber er konnte ihr keinen Glauben schenken und schickte sie fort.

Dieser Tor ist wie ein Mensch, der falsche Lehren hört, verwirrt wird und nun glaubt, diese Lehren wären die Wahrheit. Lange Zeit verharrt er vertrauensvoll bei dem Gesagten und obwohl er wahren Lehren begegnet, glaubt er sie weder noch kann er sie als Wahrheit akzeptieren.

DER DURSTIGE MANN Vor langer Zeit gab es einen Mann, der als besonders töricht und unwissend jenseits jeglicher Beschreibung galt. Eines Tages beschloss er wandern zu gehen, obwohl es gerade richtig heiß war. Je weiter er ging, desto mehr verspürte er die Wirkung der Hitze; je mehr er die Hitze spürte, desto durstiger wurde er, und es verlangte ihn immer stärker nach Wasser. Schließlich erblickte er ein Trugbild, glaubte, es sei Wasser, und lief darauf zu.

Den ganzen langen Tag lief der Mann dem Bild hinterher, bis seine Zunge vor Durst praktisch aus dem Mund hing. Wie das Glück es fügte, so befand er sich irgendwann am Ufer des Indus. Doch obwohl der Durst ihm jetzt in der Kehle brannte, so stand er doch nur da und nahm nicht einen Schluck von dem klaren, vorbeifließenden Wasser.

Ein anderer Mann, der nahe am Ufer saß, sprach zu ihm: „Freund, du bist ans Ufer gerannt und vor Durst fast verdorrt. Jetzt hast du es erreicht. Warum trinkst du nicht?"

Der törichte Mann sagte: „Bitte, geh und trinke du selbst. Obgleich mich nach Wasser verlangt, so ist dies doch viel zu viel für mich. Es ist unmöglich, dass ich das alles austrinke."

Dieser Tor gleicht dem Menschen, welcher die grundlegenden Lehren und Wahrheiten des Weges missversteht; er hat das Gefühl, die Unterweisungen ohnehin nicht einhalten zu können, also weigert er sich, sie überhaupt anzunehmen. Er wird deswegen nie auf den Weg gelangen, und ist zum Umherirren verdammt, gefangen im Kreislauf von Geburt und Tod[7]. Sei nicht so dumm wie er.

[7] Der ewige Kreislauf von Geburt, Tod und Wiedergeburt: im Buddhismus ist dies der Kreislauf des Leidens.

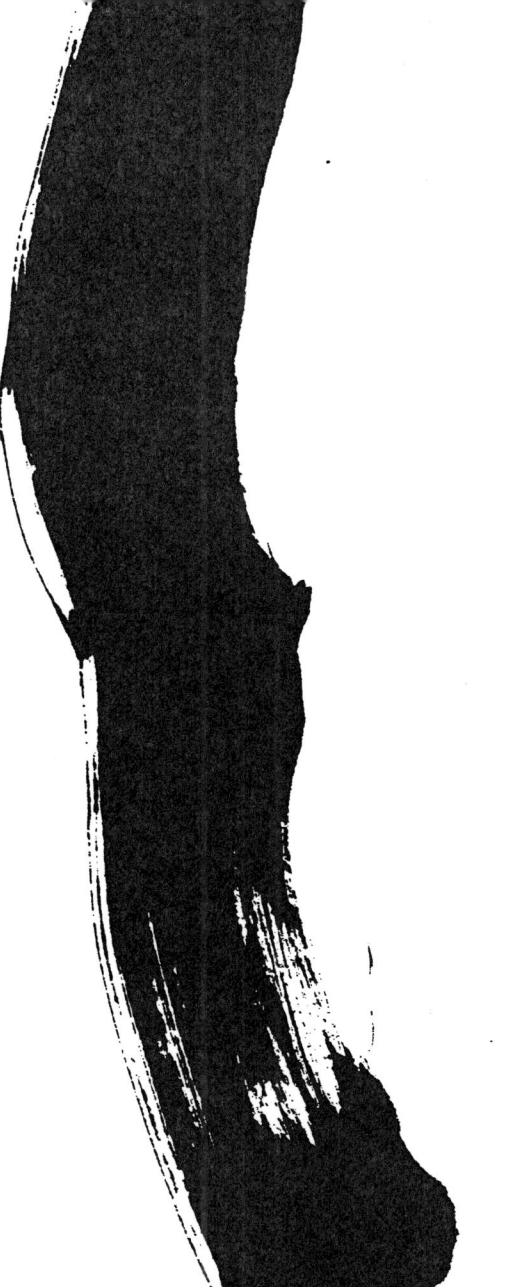

DER MANN, DER SEIN KIND UMBRACHTE In einem weit entfernten Land gab es einmal einen Einfältigen, der sieben Kinder hatte. Eines Tages starb ganz überraschend eines seiner jüngsten Kinder. Als der Einfältige sein Kind tot auffand, wollte er den Leichnam in seinem Haus behalten anstatt ihn zu beerdigen. Ein zu Besuch kommender Freund, der Zeuge dieses Vorfalls wurde, sagte zu ihm: „Der Weg des Lebens und der Weg des Todes sind verschieden. Es ist ratsam die Trauerfeier durchzuführen, den Körper wegzubringen und ihn zu begraben. Du kannst dein verstorbenes Kind nicht behalten, sondern solltest es als bald als möglich fortschaffen."

Der Einfältige dachte: „Wenn ich mein Kind wirklich nicht zuhause behalten kann und es begraben muss, dann würde ich lieber auch noch ein weiteres töten. Es wird mir dann wesentlich leichter fallen zwei zu tragen, jeweils eins an den beiden Seiten der Tragestange."

So tötete der Einfältige ein weiteres seiner Kinder, trug beide in einen weit entfernten Wald, wo er sie begrub. Als die Leute dies hörten, waren sie sprachlos und verspotteten den Tor für seine Tat.

Dieser einfältige Mann gleicht einem Mönch, der insgeheim das Gelübde bricht. Weil er nicht ein einziges Vergehen zugeben möchte, verheimlicht er seine Tat und verkündet seine Lauterkeit. Allerdings wird er von einem Weisen darauf aufmerksam gemacht, dass ein Hausloser seine Gelübde halten und sie bewahren muss, gerade als wären es glänzende Juwelen. Er fragt ihn: „Warum hast du die angenommenen Gelübde gebrochen? Und warum gibst zu deine Vergehen nicht zu?"

Der Einfältige hört den weisen Mann zwar reden, aber er denkt bei sich: „Wenn ich sie wirklich zugeben muss, dann sollte ich auch so viele Gebote brechen wie ich möchte. Danach kann ich mich zu allem bekennen."

Dann fährt er fort, Unheil anzurichten, die Gebote zu brechen und letztendlich legt er am Ende ein großes Bekenntnis ab. Er ist wirklich zu bedauern, dieser Narr! Er verhält sich wie jener Mann, dessen Kind starb und dessen Beschränktheit ihn dazu brachte ein weiteres umzubringen. Ganz ohne Frage ist es genau so!

DER SCHWINDLER Vor langer Zeit gab es einmal einen sehr weisen und gut aussehenden Mann, der zudem auch noch sehr reich war. Auf der ganzen Welt gab es niemand, der ihn nicht bewunderte. Eines Tages dachte sich ein Schlingel, der ihm zufällig auf der Straße begegnete, einen Plan aus, um den Mann ein bisschen um sein Geld zu erleichtern. Er verbreitete das Gerücht, dass der Mann sein Bruder sei. Kurze Zeit später sah der Schlaumeier, wie der Mann die Raten für seine Schulden abbezahlte und änderte sofort seine Geschichte. Er verleugnete nun, überhaupt mit dem Mann verwandt zu sein. „Dieser Mann ist nicht mein Bruder, ich habe niemals so etwas behauptet."

Ein Anderer, der die ganze Entwicklung beobachtet hatte, näherte sich ihm und fragte: „Wie kann man es nur schaffen, so ein Volltrottel zu werden? Warum machst du den Leuten weiß, der Mann wäre dein Bruder, wenn er offensichtlich über Geld verfügt, aber verleugnest es, wenn du ihn Schulden bezahlen siehst?"

Der Schwindler antwortete: „Ich wollte einen Teil seines Reichtums für mich haben, so verbreitete ich, dass wir Brüder wären. Da er aber nicht mein Bruder ist, wenn er Geld schuldet, möchte ich alle wissen lassen, dass wir nicht verwandt sind."

Als die Leute dies hörten, gab es allgemeines Gelächter.

Dieser Schwindler verhält sich wie jemand außerhalb des Weges, der die Lehren des Buddha vernimmt und damit beginnt, sie als seine eigenen zu verbreiten. Er versammelt Schüler um sich und empfiehlt ihnen nach seinen Anweisungen zu leben. Die Schüler beachten seine Ratschläge nicht und ignorieren alles, was er vorbringt. Als er das merkt, denkt er: „Ich gebrauchte Buddhas Worte zu meinem eigenen Vorteil und unterwies fühlende Lebewesen, aber es funktionierte nicht. Niemand nahm meine Ratschläge an. Also müssen die Lehren nichts taugen." Dies ist wie bei dem Schwindler, der den Reichtum des Anderen begehrt, indem er ihn zum Bruder erklärt und dann verleugnet sein Angehöriger zu sein, wenn er verschuldet ist.

DER DIEB UND DIE SCHATZKAMMER Vor langer Zeit schlich sich ein Dieb in die königliche Schatzkammer, nahm alles mit, was er tragen konnte, und floh in ein weit entferntes Land. Der Diebstahl wurde rasch entdeckt. Der König ließ den Dieb suchen; bald hatten seine Leute ihn gefangen und brachten ihn zurück vor den König. Als die gestohlenen Dinge vor dem Dieb und dem König ausgebreitet waren, beschuldigte der König den Mann, ein paar besonders schöne Roben gestohlen zu haben. „Aber das sind meine Roben", entgegnete der Dieb, „das heißt, eigentlich gehören sie meinem Großvater, also stehen sie mir zu."

„Dann lass uns sehen, wie du sie anlegst", sagte der König.

Da die Roben dem Dieb in Wirklichkeit nicht gehörten, hatte er keine Ahnung, wie er sie tragen sollte. Er zog die Ärmel die Beine hoch und wickelte sich den Gürtel um den Kopf. Der König beobachtete dies aufmerksam und versammelte seine Hofleute um sich, um die Sache zu besprechen.

Schließlich sagte er: „Wären diese Roben dir tatsächlich von deinem Großvater gegeben worden, so wüsstest du, wie man sie trägt. Wie du dich selbst zum Gespött machst, indem du sie verkehrt herum anziehst. Da du aber nun nicht weißt, wie man sie trägt, wissen wir, dass sie dir nicht wirklich gehören. Also hast du sie gestohlen."

Erwägt für einen Augenblick, dass der König den Buddha reprä-
sentiert, die Schatzkammer den Dharma[8] - die Lehren der höchsten Wahrheit - und der törichte Dieb einen Menschen außerhalb
des Weges. Obgleich er heimlich dem Buddha-Dharma lauscht,
dies in seine eigenen Lehren einbaut und dieses Verständnis
und diese Einsicht als seine eigene ausgibt, begreift er doch
nicht wirklich deren Wurzel oder feine Essenz, und präsentiert es
deshalb auf eine Weise, die zu Missverständnis und Verwirrung
führt. Diese Art von Mensch ist wahrlich wie der Dieb, der dem
König die königlichen Roben stahl, sie aber nicht zu tragen
wusste und sie schließlich verkehrt herum trug. Sei vorsichtig
mit solchen Narren. Sie führen dich nur in die Irre.

---

[8] Dharma: die höchste Wahrheit und die Lehre davon.

DER TUGENDHAFTE VATER Einmal befand sich ein Mann inmitten einer Menschenmenge, die über ihre Eltern diskutierte. Als er an die Reihe kam, pries er seines Vaters Tugendhaftigkeit und sagte: „Mein Vater ist ein barmherziger Mann. Weder verletzt er die Leute, noch bestiehlt er sie. Er spricht immer die Wahrheit und praktiziert freimütiges Geben so oft es ihm möglich ist." Ein Aufschneider, der sich auch in der Menschenmenge befand, konnte nicht an sich halten und unterbrach: „Das ist noch gar nichts", sagte er. „Die Tugend meines Vaters ist noch viel besser." Die Menge wollte dies genauer wissen, und daher fragten alle: „Welche Tugenden hat er? Bitte, sprich und behalte sie nicht für dich." Daraufhin antwortete der Aufschneider: „Seit seiner frühesten Jugend hat mein Vater seinen wollüstigen Gefühlen abgeschworen. Tatsächlich war er von dieser Zeit bis zum heutigen Tage völlig keusch."

Die Leute waren erstaunt. „Wenn er wirklich seine Sinneslust gänzlich aufgegeben hat", sagten sie, „wie kam es dann zu deiner Geburt?" Sie wunderten sich, wie irgendjemand tatsächlich so dämlich sein konnte.

Die Unverbesserlichen auf der Welt sind gerade so. Sie möchten andere rühmen, aber da sie die Fakten nicht kennen, kommen dabei nur Beleidigungen heraus. Wie der gutmeinende Aufschneider, der seinen Vater ehrlich bewunderte, reden sie ohne zu merken, wie wenig sie wissen.

DER DREISTÖCKIGE TURM Es war einmal ein Mann, von welchem kaum zu sagen ist, ob sein materieller Wohlstand oder sein geistiger Mangel umfassender war. Eines Tages beeindruckte ihn auf dem Grundstück eines ebenfalls Steinreichen ein breiter dreistöckiger Turm mit ausladenden Gesimsen und imposanten Fenstern auf allen Seiten. Dem Dummkopf fielen vor Neid fast die Augen aus dem Gesicht. Nie hatte er einen so großartigen Bau gesehen.

Er dachte: „Ich habe ebenso viel Geld wie dieser Kerl, genau genommen sogar mehr. So etwas kann ich mir auch leisten." Sogleich schickte er nach einem Zimmermann und fragte, ob er ihm etwas ähnlich Überwältigendes errichten könne.

„Selbstverständlich, da ich nämlich selbst jenen Turm erbaut habe", antwortete der Zimmermann bescheiden.

„Was stehst du noch rum? An die Arbeit!", rief der Dummkopf.

Der Zimmermann begann, Fundamente zu legen. Als das schlichte Gemüt ihn die Ziegel anordnen sah, wurde er misstrauisch und brüllte: „Womit verplemperst du jetzt schon wieder meine Zeit?"

Der Angefahrene erläuterte: „Ich baue einen dreistöckigen Turm."

„Na also, dann vergiss die niederen Stockwerke", befahl der Auftraggeber, der – eingedenk vermeidbarer Kosten einen Sinn fürs Wesentliche entwickelnd – sich großzügig über Nebensächlichkeiten hinwegsetzte. „Ich bescheide mich mit einem Obergeschoss, das sich weithin bestaunen lässt!"

Vorsichtig fragte der Baumeister: „Worauf ruht eine zweite ohne erste Etage? Worauf die dritte ohne zweite?"

Der reiche Dummkopf ließ sich davon nicht beeindrucken. „Ich brauche keine Erdgeschosse. Das dritte reicht. Tu, wofür ich dich bezahle!"

Als Leute das hörten, wunderten sie sich: „Wie stellt sich das Weichei ein Dachgeschoss ohne darunterliegende vor?"

Zu bequem, ihrem Gelübde gegenüber den Drei Kostbarkeiten[9] zu entsprechen, begehren vier Arten von Schüler/inne/n der Lehren des Buddha – Mönche, Nonnen, männliche und weibliche Laien – dennoch die Frucht des Pfades. Sie sagen sich: „Niedere Ergebnisse[10], die zur Arhatschaft[11] führen, habe ich nicht nötig. Ich kann unverzüglich Arhat oder Arhanti werden."

Das Ergebnis war ein riesiges Gelächter. Es gibt keinen Unterschied zwischen ihnen und dem reichen Dummkopf.

[9] Drei Kostbarkeiten: Buddha (der Erwachte), Dharma und Sangha (die Gemeinschaft der ausübenden Buddhisten). Buddhisten geloben zu den dreien Zuflucht zu nehmen.
[10] Niedere Ergebnisse: Die ersten drei der vier Arten von Schülern des Buddha: 1) Strom-Eintretender: einer, der beginnt den Buddhismus zu praktizieren; 2) Einmal-Wiederkehrender: einer, der in der Praxis

des Buddhismus eine weitere Wiedergeburt erleben muss, bevor er das Stadium der Täuschungsfreiheit erlangt; 3) Niemals-Wiederkehr-ender: einer, der von Tod und Geburt befreit ist; 4) Arhat: einer, der alle Selbsttäuschung abgestellt hat und der opferungswürdig ist.
[11] Arhat: siehe Anmerkung 10.

DER BRAHMANE, DER EIN KIND TÖTETE Es gab einmal einen Brahmanen, der von sich so eingenommen war, dass er fortwährend prahlte, es gäbe nichts, das er in der Astrologie oder einer anderen Wissenschaft nicht gemeistert hätte. Eines Tages, als er in einem fernen Land unterwegs war, beschloss er, sein Ansehen zu vergrößern und mit seinen Fähigkeiten zu protzen. Als er meinte der Augenblick dafür sei gekommen, hielt er ein Kind an, das gerade des Weges kam. Dann heulte er los. Es dauerte nicht lange, bis sich um ihn eine Menge versammelte und ihn nach dem Grund seiner Tränen fragte. Sofort erwiderte er: „Ich bin schrecklich traurig, weil dieses Kind in sieben Tagen sterben wird."

„Aber das Leben ist so unvorhersehbar", meinten andere, die zugehört hatten. „Niemand kennt die Zukunft. Vielleicht wird das Kind in sieben Tagen gar nicht sterben, warum also weinst du?"

„Die Sonne und der Mond mögen sich verdunkeln", antwortete der Brahmane drohend, „Sterne mögen vom Himmel fallen, aber ihr werdet sehen, dass es wahr ist, was ich sage."

Um die Richtigkeit seiner Aussage zu beweisen und den begehrten Ruhm einzustreichen, tötete der Brahmane sieben Tage später das Kind. Als die Leute hörten, dass das Kind gestorben ist, waren sie von dem Brahmanen sehr beeindruckt. Sie sagten: „Er ist wahrlich ein weiser Mann, da seine Prophezeiung eintraf." Und sie fingen an ihm zu vertrauen und ihm Ehrerbietung zu erweisen.

Dieser Mann ist wie ein Schüler des Buddha, der eigenen Vorteil sucht und fälschlicherweise behauptet, den Weg zur Wahrheit gefunden zu haben. Aber nur ein Schurke würde Mitgefühl vortäuschen und gleichzeitig ein menschliches Wesen töten. Dadurch, dass er jedem, dem er begegnet, Angst und Verwirrung bringt, verursacht er sein eigenes endloses Leiden in zukünftigen Welten. So ist es!

BRAUNE ZUCKERBRÜHE Vor langer Zeit gab es einen Dussel, der seinen Tag damit zubrachte, braunen Zucker in der Küche zu kochen. Einige Gäste kamen ihn zu besuchen und unter ihnen war auch ein richtig wohlhabender Mann. Als der Dussel merkte, dass er von einem so Steinreichen besucht wurde, sagte er sich: „Warum bereite ich keine braune Zuckerbrühe zu und serviere sie ihm? Dies wird mir sicherlich einigen Nutzen bringen."

Er fügte Wasser zum kochenden Zucker, ließ ihn auf dem Herdfeuer und begann sofort die Brühe zu fächeln, damit sie abkühlen möge. Ein anderer Gast sah dies und fragte: „Was um Herrgottswillen machst du da? Wie kannst du erwarten, dass die Brühe abkühlt, ohne vorher erst einmal das Feuer im Herd zu löschen?" Alle stimmten in Gelächter ein, als sie dies hörten.

Der Mensch außerhalb des Buddhaweges, der nicht das brennende Feuer seiner Leidenschaften auslöscht, verhält sich genauso. Er praktiziert ein wenig Askese, indem er sich auf Dornen legt, aber sein Körper ist weiterhin den brennenden Begehren der fünf Sinnesorgane ausgeliefert. Er sehnt sich nach dem reinen, kühlen Bereich des Nirvana, kann aber verständlicherweise so einen Ort nicht finden. Es ist so traurig, aber alle, die dies hören, lachen ihn deshalb aus. Er leidet gegenwärtig und sein Unglück breitet sich ohne Ende in alle Zukunft aus.

EIN HITZIGES TEMPERAMENT Eines Tages saßen mehrere Freunde beisammen in einem Haus und diskutierten über einen Mann, der allen bekannt war. „Er ist mit einigen prächtigen Tugenden ausgestattet", stimmten sie überein, „aber seine Macken sind ebenfalls sehr groß." Einer der Männer bemerkte: „Um die Wahrheit zu sagen, er hat ein hitziges Temperament. Er gerät bei der kleinsten Provokation in Rage und im Handumdrehen verurteilt er voreilig."

Durch Zufall kam der Mann, über den sie sprachen, gerade in diesem Moment an dem Haus vorbei und hörte, was über ihn gesprochen wurde. Er raste hinein und griff sich den Mann, der gerade gesprochen hatte. Ohne ein weiteres Wort fing er an, auf ihn einzuschlagen.

Einer der Anwesenden sprang auf und rief: „Warum schlägst du ihn? Hör auf damit!"

Der Verärgerte brüllte: „Niemals im Leben habe ich voreilige Schlüsse gezogen oder meine Beherrschung verloren. Aber dieser Idiot hier, wirft mir das vor. Deshalb werde ich ihm die Schläge verabreichen, die er verdient."

Inzwischen hatte sich schon eine ganze Menge Leute eingefunden und einer, der die ganze Szene von Anfang an beobachtet hatte, sagte zu dem Aufgebrachten: „Aber schau nur, was du anrichtest. Du hast es gerade selbst bewiesen, dass du ein hitziges Temperament hast und voreilige Schlüsse ziehst. Wie kannst du das verleugnen?"

Die Umstehenden stimmen ein: „Ja. Irgendjemand kritisiert dich und schau nur, wie du reagierst!"

Keiner konnte die Dummheit und Verblendung des Unbeherrschten fassen.

Dieser Mann ist wie ein Trunkenbold, der bei dem ersten Anschein von Kritik in Wut gerät. Die Unannehmlichkeiten, die er verursacht, sind der Beweis für seinen Fehler, aber dennoch kann er es überhaupt nicht erkennen. Gleichermaßen hassen es Uneinsichtige, mit ihren Fehlern konfrontiert zu werden. Wenn sie jemand ausspricht, fällt den Ignoranten nichts anderes ein als handgreiflich zu werden.

DER REISEFÜHRER Vor vielen Jahren entschlossen sich einige Kaufleute eine Reise übers Meer anzutreten. Sie benötigten einen Führer, um ihren Weg zu dem weit entfernten Hafen zu finden, daher machten sie sich auf die Suche nach einem geeigneten. Nach großen Anstrengungen versicherten sie sich der Dienste eines hoch geachteten Reiseleiters und begannen ihr Abenteuer. Sie folgten dem Führer und kamen irgendwann einmal an einen kleinen Schrein inmitten einer weiten Ebene. Es war allgemein bekannt, dass sie verpflichtet wären den Göttern einen Menschen zu opfern, wenn sie jenseits des Schreins reisen wollten. Die Kaufleute erwogen das Dilemma sorgfältig und kamen überein, dass sie den Reiseleiter opfern, die heilige Zeremonie durchführen und sich auf die Weiterreise machen würden, da es ihnen unmöglich wäre, einen aus den eigenen Reihen zu bestimmen.

Als sie das Opfer durchgeführt hatten, führten sie ihre Reise fort. Da es aber nun niemanden mehr gab, der sie führen konnte, wussten sie nicht, welchen Weg sie einschlagen sollten. Es dauerte nicht lange bis sie gänzlich ihre Orientierung verloren hatten. Alle kamen ums Leben ohne jemals den erstrebten Hafen erreicht zu haben.

Viele Menschen sind so ähnlich. Sie möchten in den Ozean der Dharma-Weisheit eintreten und seine raren Schätze erhalten. Um dies zu erreichen, sollten sie gute Taten ausüben und diese zu ihrem Führer werden lassen. Indessen geben sie diese guten Taten auf und werden so niemals frei von der langen, weiten Straße aus Geburt und Tod im Daseinskreislauf. Hoffnungslos wandern sie in den drei unheilvollen Bereichen[12] umher, genau wie die reisenden Kaufleute, die den großen Ozean überqueren wollten, aber ihren Führer umbrachten und so unfähig waren, den Hafen zu erreichen. Am Ende kamen sie durch ihre dumme Tat selbst um.

[12] Die drei unheilvollen Bereiche: die drei niederen Bereiche der sechs Bereiche. Die sechs Bereiche sind „Wege" im Daseinskreislauf von Geburt, Tod und Wiedergeburt: Welt der Höllenwesen, hungrige Geister, Tiere, kämpfende Geister, Menschen und himmlische Wesen oder Götter.

DER QUACKSALBER Vor langer Zeit gab es einen König, der dafür bekannt war, dass er beim geringsten Anlass große Ungeduld zeigte. So war es für niemand verwunderlich als er bei der Geburt seiner Tochter einen Arzt herbeirufen ließ und ihn anwies: „Gib meiner Tochter eine Medizin, damit sie sofort eine Jugendliche ist."

Da es sich um einen ziemlich weisen Arzt handelte, antwortete er dem König ohne zu zögern: „Ihre Majestät, ich kenne genauso eine Medizin, eine die für diesen Zweck hervorragend ist. Unglücklicherweise kann ich sie hier im ganzen Land nicht erhalten und muss dafür ins Ausland reisen. In der Zwischenzeit muss ich Sie allerdings bitten, keinen Blick auf die neue Prinzessin zu werfen, bis ich wieder zurück bin. Wenn ich ihr dann die richtige Dosis der Medizin verabreicht habe, werde ich Ihre Tochter ohne Verzögerung zu Ihnen bringen."

Der König stimmte dem zu, und der Doktor machte sich auf die Reise, die Medizin zu finden. Seine Suche brachte ihn in viele Länder und sie dauerte zwölf Jahre lang. Schließlich kehrte er mit dem kostbaren Elixier in das Königreich zurück. Er bat um Konsultation bei der Prinzessin, verabreichte ihr die angemessene Dosis und nahm sie dann mit, ihren Vater zu treffen.

Als der König sah, wie alt seine Tochter so schon geworden war, frohlockte er und dachte bei sich: „Dieser

Mann ist wahrlich ein exzellenter Mediziner. Er gab meiner Tochter eine Medizin, die sie praktisch über Nacht älter werden ließ!" Er befahl seinen Höflingen, den Arzt mit vielen erlesenen Geschenken zu überschütten.

Klar doch, als die Leute diese Geschichte vernahmen, konnten sie nicht an sich halten vor Lachen. Das Ausmaß der Beschränktheit des Königs hatte ihn veranlasst, vollkommen zu vergessen, wie viele Jahre seit der Geburt seiner Tochter verstrichen waren. Er glaubte allen Ernstes, dass es die Macht der Medizin gewesen sei, die sie so schnell hatte älter werden lassen.

Auf der Welt gibt es viele Leute, die so dumm wie dieser König sind. Sie suchen eine weise Person auf und sagen: „Ich möchte den Weg erlangen und bitte dich um Anweisung. Bitte zeig mir den schnellsten Weg zur Erleuchtung." Der Lehrer zeigt ihnen, wie man meditiert und wie man die zwölfgliedrige Kette des bedingten Entstehens beachtet.[13] Schritt für Schritt erlangen sie Vollkommenheit und erreichen das Niveau eines Arhat. Dann springen sie vor Freude auf und rufen: „Wie wunderbar! In der Tat, wie großartig! Oh, du Großer Lehrer, wie schnell hast du mich mit diesem wundersamen Dharma erleuchtet!"

[13] Zwölffache Kette der bedingten Entstehungen: Die zwölf Ursachen und Wirkungen der „bedingten Entstehungen" von Schmerz und Verzweiflung im Geburtenkreislauf: 1. Unwissenheit, 2. Karmische Strebung, 3. Bewusstsein, 4. Name und Gestalt (Formgebung), 5. Sechs Sinne (Bereich der Sinnesaktivitäten), 6. Berührung, 7. Gefühl (Empfindung), 8. Verlangen (Durst), 9. Erfassen (Anhaftung), 10. Werden (Aktivität), 11. Geburt (Wiedergeburt), 12. Verfall (Alter und Krankheit) und Tod. Die sinngemäße Formulierung lautet folgendermaßen: „Unwissenheit bedingt karmische Strebung. Karmische Strebung bedingt Bewusstsein…" und so weiter bis Verfall und Tod.

ZUCKERROHR Einstmals pflanzten zwei Männer Zuckerrohr auf benachbarten Feldern an. Die Männer machten unter sich aus, dass derjenige, der das beste Zuckerrohr anbauen würde, dafür eine Belohnung und der Unterlegene eine Bestrafung erhalten sollte. Einer der beiden hoffte, dass sich die Angelegenheit zu seinen Gunsten entwickeln würde, und dachte bei sich: „Zuckerrohr ist ja sehr süß. Wenn ich nun einige Stangen ausdrücke und den Saft über meinem Feld als Dünger verteile, wird mein Zuckerrohr sicherlich besser gedeihen, wird größer und köstlicher werden als seines."

So wie er es sich ausgesonnen hatte, drückte er gleich am nächsten Tag ein paar seiner Zuckerrohrstangen aus und düngte mit dem Saft sein Feld. Aber anstatt eine ausgezeichnete Ernte zu erwirtschaften, erhielt er nur miese Keimlinge und sein ganzes Zuckerrohr war verdorben.

Narren suchen Beglückung, indem sie versuchen sich auf ihre eigene Stärke und List zu verlassen. Sie üben Macht über andere aus und manchmal berauben sie sie sogar ihres Eigentums allein im Glauben, mehr zu besitzen mache sie glücklicher. Die von ihnen erwarteten guten Ergebnisse basieren auf völlig falschen Ansichten, so merken sie nicht, dass ihnen die Zukunft nur Pech und Beschwerden bringen wird. Sie sind wie der Mann, der sein Zuckerrohr ausdrückte und dann so endete, dass er seine ganze Ernte verlor.

DAS PFENNIG-DARLEHEN Vor langer Zeit gab es einen Kaufmann, der einem Mann einen Pfennig lieh. Da der Mann seiner Verpflichtung, die Schulden zurückzuzahlen, nicht nachkam, beschloss der Händler, sich den Pfennig selbst zurückzuholen. Auf seinem Weg kam er an einen großen Fluss. Dort musste er dem Fährmann zwei Pfennig fürs Übersetzen zahlen.

Auf der anderen Seite angelangt, setzte der Kaufmann seine Reise fort, bis er schließlich seinen Bestimmungsort erreicht hatte. Dort hoffte er nun, die Schulden einzutreiben. Aber der Schuldner konnte nirgends ausfindig gemacht werden und trotz seines großen Aufwandes, musste der Kaufmann unverrichteter Dinge wieder abziehen.

Auf der Rückreise musste er wiederum den Fluss überqueren und dem Fährmann noch einmal zwei Pfennig für seine Dienste zahlen. Beim Versuch das Pfennig-Darlehen einzusammeln, hatte dieser Tor ganze vier Pfennig aufgewendet, hatte sich schrecklichen Unannehmlichkeiten ausgesetzt und kam nun ohne den geringsten Erfolg völlig erschöpft nach Hause zurück. Obwohl das Darlehen sehr gering war, hatte er am Ende weit mehr verloren und zum Dank wurde er auch noch von allen verlacht, die davon hörten.

Viele Leute sind wie dieser Tor. Sie suchen unbedeutende Bestätigung oder eigenen Vorteil und enden damit, das große Wirken in seinem Ablauf zu zerstören. Ihre fälschlichen Ansichten veranlassen sie, Dingen ihres Begehrens hinterherzujagen und es mangelt ihnen an der Einhaltung der meisten Grundregeln eines ordentlichen Betragens. Demzufolge ruinieren sie ihren Ruf und müssen dafür mit schmerzhaften Konsequenzen büßen.

DER SCHLEIFSTEIN IM HOHEN TURM Einstmals lebte da ein armer, mit vielen Problemen belasteter Mann, der beim König in Diensten stand. Wie die Zeit so dahinging, nahm der Mann sehr stark ab, wurde immer dünner und schien mit jedem verstreichenden Tag schwächer zu werden. Als der König dies bemerkte, hatte er großes Mitleid mit ihm. In der Hoffnung dem armen Mann etwas Nahrung zukommen zu lassen, schenkte er ihm ein Kamel, das vor kurzem gestorben war. Der Mann fing sogleich an, das Kamel zu häuten, aber sein Messer war zu stumpf für diese Arbeit. Er suchte nach einem Schleifstein, um das Messer zu schärfen, und man sagte ihm, dass ein solcher in einem nahegelegenen Turm zu finden sei.

Der Mann ging zu dem Turm, erklomm die oberste Etage und fand dort den Schleifstein vor. Nun wetzte er sein Messer und kletterte danach wieder hinunter, um seine Arbeit an dem Kamel fortzuführen. Damit sein Messer scharf blieb, musste der arme Mann jedoch immer und immer wieder den Turm erklimmen und es dauerte nicht lange, da war er so erschöpft, dass er diesen Weg nicht noch ein einziges Mal auf sich nehmen konnte. Nach langem Überlegen, was er nun machen solle, transportierte er kurzerhand das Kamel bis nach oben in den Turm, hängte es an einen Haken und fuhr fort, sein Messer zu schärfen, um sein Kamel gleich an Ort und Stelle zu häuten. Jeder, der diese Geschichte vernahm, lachte herzlich und lange darüber.

Dieser Dummkopf ist wie ein Praktizierender des Dharma, der
großen Reichtum ansammelt, indem er Tätigkeiten ausübt, die
unvereinbar mit den Gelübden sind. In der Hoffnung, in der Welt
der Götter wiedergeboren zu werden, fängt er an, aus Tugendhaftigkeit seinen Reichtum zu verteilen. Was für eine schreckliche Arbeitsverschwendung in jeglicher Hinsicht! Solch eine
Person ist gerade wie jener Dummkopf, der sein Kamel bis hinauf in die Spitze des Turmes zog, um es dort zu häuten, wo sich
der Schleifstein befand, anstatt denselben herunter zu bringen.
Er arbeitete sehr hart, erreichte tatsächlich wenig und wurde zum
Dank noch von allen verlacht.

DIE ALMOSEN-SCHALE Vor langer, langer Zeit verlor ein Mann, der den Ozean in einem Boot überquerte, seine silberne Almosen-Schale, als sie ins Wasser fiel. Er dachte bei sich: „Ich werde ein Zeichen auf dem Wasser anbringen und später an die Stelle zurückkommen, um sie mir wieder zu holen." Und genau dies machte er dann auch. Er markierte das Wasser, wo er seine Schale verloren hatte, und führte seine Reise für weitere zwei Monate fort, bis er Ceylon erreichte.

Während seines Ceylon Aufenthaltes, kam er eines Tages an einen Fluss. Sofort watete er hinein und begann, nach seiner Schale zu suchen. Die Leute am Flussufer waren verwundert, näherten sich ihm und wollten wissen, was er da mache.

„Ich habe vor einiger Zeit meine Almosen-Schale verloren und nun versuche ich, sie wieder zu finden", antwortete er.

Die Leute dachten, sie können ihm helfen und fragten: „Wo hast du sie denn verloren?"

Darauf erwiderte der Mann: „Im Ozean, als ich ihn überquerte."

„Wie lange ist dies denn her, seitdem du die Schale verloren hast?", wollten die Leute wissen.

Als er ihnen erklärte, dass es ganze zwei Monate her sei, seitdem seine Schale in den Ozean gefallen war, waren sie nicht wenig erstaunt: „Zwei volle Monate!", sagten sie,

„Wie kommst du nun dazu anzunehmen, du würdest die Schale hier finden?"

Er antwortete: „Als ich meine Schale verlor, machte ich ein Zeichen auf das Wasser. Und weil doch kein Unterschied zwischen dem Wasser hier und dem Wasser dort, wo ich sie verloren habe, besteht, bin ich nun ganz sicher sie auch zu finden."

Die Leute konnten ihren Ohren nicht trauen. „Ja, es stimmt", sagten sie, „Wasser ist Wasser. Aber du hast die Schale vor langer Zeit und an einem gänzlich anderen Ort verloren. Wie kannst du erwarten, sie nun hier und jetzt wieder zu finden?" Sie lachten alle herzlich und gingen wieder an ihre Arbeit zurück.

Dieser Narr ist wie eine Person, die nicht den wahren Weg praktiziert, sondern vergeblich Befreiung in ähnlichen Lehren sucht. Wie könnten Sie jemals an ihrem Ziel ankommen?

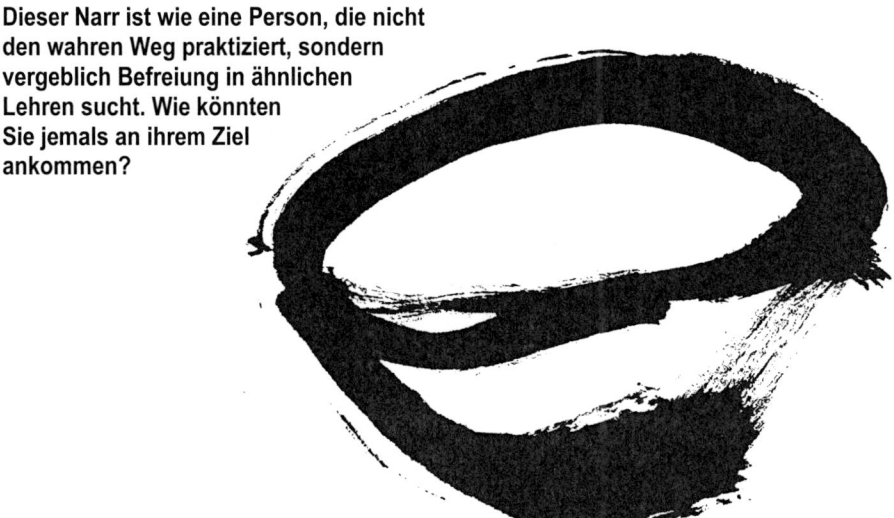

DER TYRANN Lang, lang ist es her, da sprach einer der königlichen Bediensteten über die Fehler des Königs. „Was für ein Tyrann er doch ist!", sagte der Mann. „Er macht gerade das, was ihm gefällt. Ich kann keine Vernunft erkennen, in der Art und Weise, wie er uns alle regiert."

Als der König hörte, dass er kritisiert worden war, wurde er sehr ärgerlich und befahl, die Person vorzuführen. Aber wie sehr er sich auch bemühte, er konnte die Identität des Mannes nicht feststellen.

In jenen Tagen war der König von vielen Schmeichlern umgeben, ein jeder von ihnen suchte nur den eigenen Vorteil zu erlangen. Einer von ihnen beschuldigte fälschlicherweise den weisesten Höfling des Königs, er wäre derjenige, der den König kritisiert hätte und überzeugte sogar den König davon, so dass er den Mann festnehmen ließ. Als der Höfling dem König vorgeführt wurde, befahl dieser ihm, sich mit dem Gesicht nach unten auf den Boden zu legen. Vor aller Leute Augen wurde dem armen Mann die Haut abgezogen, bis es ungefähr 3 kg waren.

Innerhalb weniger Tage jedoch wurde die Unschuld des weisen Höflings erwiesen und der König bereute sehr, was geschehen war. Er befahl, dass dem Höfling 30 kg Haut überbracht werden sollten, um wiedergutzumachen, was ihm unrechtmäßigerweise weggenommen worden war. Trotz dieses Versuchs, seinen Fehler wiedergutzumachen

68

wurde der Schlaf des Königs erheblich durch die Klage-
schreie des armen Höflings gestört.

Am nächsten Morgen ging der König zum Krankenbett
des Höflings und fragte ihn: „Warum schmerzt der Verlust
von 3 kg Haut dich so sehr, wenn ich zehnmal so viel zu-
rückgegeben habe, um meinen Fehler wieder gutzu-
machen? Du solltest zufrieden sein. Wie kannst du noch so
viel Schmerzen haben?"

Einer der königlichen Diener hörte dies und sagte:
„Mächtiger König, es ist, als würde man einem Kind den
Kopf abschneiden. Obwohl du ihn mit eintausend Köpfen
ersetzt, kann das Kind nicht vor dem Tod gerettet
werden. Selbst wenn du ihm das zehnfache Gewicht an
Haut, die ihm abgezogen worden ist, wiedergibst, kann es
ihm nicht die Schmerzen ersparen."

**Die Welt ist erfüllt mit Dummköpfen, die wie dieser König sind.
Nicht das nächste Zeitalter fürchtend, streben sie nur danach,
ihren Durst nach Macht und Vergnügungen in der Gegenwart zu
befriedigen. Sie verschulden unermessliches Leiden an menschlichen Lebewesen – berauben Farmer ihrer Güter und häufen
Eigentum und Besitz an – aber am Ende wünschen sie, dass man
sie begnadigt und ihnen erlaubt, mit einem klaren Bewusstsein
in Freuden zu leben. Genau wie der König, der dem Mann die
Haut abzog und dann versuchte, sie zu ersetzen. Obwohl er am
Ende die von ihm verursachten Schmerzen bedauerte, war es zu
spät, die Verletzung rückgängig zu machen. Bedenke dies gut!**

DIE FRAU, DIE SICH NOCH EIN ZWEITES KIND WÜNSCHTE
Vor vielen, vielen Jahren gab es eine Frau, die ein Kind hatte und sich noch ein zweites wünschte. Sie fragte verschiedene andere Frauen, wie sie dies fertigbringen könne, und schließlich erhielt sie von einer alten Frau folgenden Ratschlag: „Wenn du ein weiteres Kind möchtest, musst du den Göttern Ehre erweisen."

„Wie soll ich das machen?", fragte die Frau.

Die alte Frau antwortete: „Töte das Kind, das du hast, und bringe den Göttern sein Blut als Opfergabe dar. Dann kannst du dich darauf verlassen, so viele Kinder zu bekommen, wie du nur wünschst."

Ohne die geringste Spur eines Zögerns glaubte dies die Frau und wollte den guten Rat gleich in die Tat umsetzen, als sich eine andere Frau einmischte, die das Gespräch mitverfolgt hatte.

„Nur Dummheit und Beschränktheit kann zu so etwas führen.", schimpfte sie, „Das Kind, das du wünschst, ist noch gar nicht geboren und du hast keinerlei Garantie, dass du es je bekommen wirst. Trotzdem bist du bereit, dafür dein einziges Kind zu opfern, das du besitzt."

Sei nicht so beschränkt! In der Hoffnung auf eine glückselige Wiedergeburt werfen sich die Leute direkt in die Flammen oder quälen sich auf verschiedenste Art und Weise. Sie glauben allen Ernstes, dass dies der Grund für eine Wiedergeburt in der Welt der Götter sein kann. Aber wie könnte dies nur so sein?

BAND ZWEI

ALOE WEIHRAUCH Vor langer Zeit entdeckte ein Millionärssohn eine Menge kostbares Aloe Holz, das viele Jahre auf dem Grunde des Ozeans gelegen hatte. Ihm war bekannt, dass dieses Holz einen ganz besonderen Wohlgeruch erzeugt, und deshalb beschloss er, davon so viel zu bergen wie er nur konnte.

Nachdem er eine beträchtliche Menge eingesammelt hatte, füllte er seinen Wagen und brachte seinen Schatz zum Marktplatz, um ihn zu verkaufen. Allerdings setzte er den Preis so hoch an, dass niemand auch nur ein einziges Stück davon erwarb. Als er nach einigen Tagen noch immer nichts verkauft hatte, hatte der Millionärssohn davon genug und war sehr entmutigt. Er schaute sich um und bemerkte, dass ein anderer Mann mit dem Verkauf von Holzkohle recht erfolgreich war.

„Ich werde lieber dieses Aloe Holz verbrennen und es in Holzkohle umwandeln", dachte der dumme Bursche, „dann wird es leicht verkäuflich sein."

So verbrannte er das kostbare Holz bis es zu Holzkohle geworden war. Als er es dann zum Markt zurück brachte, verkaufte es sich tatsächlich sehr gut. Dennoch erhielt er nicht einmal den Wert der Hälfte einer Wagenladung Holzkohle aus dem ganzen Aloe Holz und sein Gewinn war sehr armselig.

Dummköpfe sind auch oft so. Sie praktizieren mit Eifer und Hingabe und benutzen geschickte Mittel, um die Buddha Frucht zu erlangen, aber nach einiger Zeit realisieren sie, dass es ziemlich schwierig ist, sie zu erhalten und sind demotiviert. Dann denken sie: „Es wäre besser, nach den niederen Früchten zu streben, Geburt und Tod zu vermeiden und einfach ein Arhat zu werden."

Mach nicht den gleichen Fehler!

GESTOHLENER BROKAT Eines Tages brach ein Dieb in das Haus eines reichen Mannes ein und stahl ein feines Stück Brokat. Als der einfältige Mann nach Hause kam, benutzte er das kostbare Material um wollene Sachen, die zerfetzt und alt waren, und andere solcher Sachen, die herumlagen, damit einzuwickeln. Als dieses bekannt wurde, wurde er von jedem verlacht.

Es gibt wirklich viele solcher einfältigen Leute wie der Dieb einer war. Sie sind bereits in den Buddha Dharma eingedrungen, besitzen Vertrauen und haben gute Taten vollbracht und lobenswerte Verdienste angehäuft, aber in ihrer Gier nach einem kleinen Vorteil brechen sie die reinen Gebote und zerstören alle Vorzüge, die sie bereits erworben haben. Kein Wunder, dass sie von allen, die das verstehen, verlacht werden. Ja, so ist es!

SESAM SAMEN Vor langer Zeit einmal aß ein Tor einige rohe Sesam Samen. Er fand den Geschmack so furchtbar, dass er eine Handvoll davon über dem Herd röstete. Nachdem sie geröstet waren, probierte er sie und stellte fest, dass sie tatsächlich richtig gut schmeckten. „Ich werde davon noch etwas mehr rösten", sprach er zu sich selbst, „und sie auf meinem Feld aussähen. Dann, zur Erntezeit, werde ich einen ganzen Speicher voller köstlicher Samen haben."

So röstete der Narr alle ihm zur Verfügung stehenden Samen und säte sie aus, aber natürlich konnte daraus keineswegs etwas wachsen.

Auf der Welt findet man viele solcher Narren, die die Übung eines Bodhisattva – mit unzähligen Äonen von Erschwernissen und Schmerzen – als zu schwer und freudlos erachten. So sagen sie sich: „Es ist besser, ein Arhat zu werden und schnell aus dem Kreislauf von Geburt und Tod auszuscheren; das ist viel einfacher." Später, wenn sie dann wirklich entscheiden, die Buddha Frucht zu suchen, entzieht sie sich ihnen. Gerade wie die gerösteten Samen, gibt es einfach keinen Weg, sie noch zum Wachsen zu bringen. Dies solltest du zutiefst bedenken.

FEUER UND WASSER Es gab einmal einen Mann, der ein Feuer haben wollte und gleichzeitig auch etwas kaltes Wasser. Er begann also ein Feuer zu machen, gab dann die glühende Kohlen in ein Becken und schüttete kaltes Wasser über alles. Später, als er das Feuer benutzen wollte, musste er feststellen, dass es bereits erloschen war, und als er das kalte Wasser benutzen wollte, entdeckte er, dass es heiß war. Auf diese Art und Weise verlor er beides.

Man kann es glauben oder auch bleiben lassen, es gibt auf der Welt wirklich viele Leute, wie diesen Mann. Sie treten in den Bereich des Buddha-Dharma ein, geben ihr gewöhnliches Leben auf und suchen den Weg. Nach einer Weile erinnern sie sich ihrer Ehefrauen, Kinder, der ganzen Familie und ihrer Freunde. Dann kommen ihnen andere weltliche Angelegenheiten und Vergnügungen der fünf Sinne wieder in den Sinn. Als Ergebnis verlieren sie ihren bereits entwickelten Enthusiasmus der Rechtschaffenheit und das kühle Wasser, ihre Gelübde einzuhalten, rinnt ihnen davon. Praktizierende auf dem Weg, die bei ihren Leidenschaften verweilen, sind genauso. Sei vorsichtig!

AUGENZWINKERN Vor langer Zeit erhoffte sich ein Mann, die Gunst des Königs zu erlangen. Er fragte viele Leute, wie er dies anstellen sollte und schließlich fand er einen Mann, der ihm folgenden Rat gab: „Wenn Du die Gunst erlangen möchtest, musst du ihn einfach imitieren und genau das machen, was er macht. Wenn du dich daran hältst, wird es dir nicht misslingen."

Also machte sich der Mann zum Palast auf. Als er in die Gegenwart des Königs kam, bemerkte er, wie der König mit seinen Augen zwinkerte. Sofort begann der Mann dies nachzuahmen und fing auch mit Augenzwinkern an. Der König sah, was der Mann machte und fragte ihn: „Geht es dir gut? Hast du eine Erkältung? Was veranlasst dich dazu, so komisch mit den Augen zu zwinkern?"

Der Mann antwortete mit einer gewissen unerklärlichen Überheblichkeit: „Ich habe keinerlei Krankheit, Ihre Majestät, noch habe ich eine Erkältung. Als ich feststellte, dass Ihre Majestät mit den Augen zwinkerte, dachte ich, ich sollte mich dem anpassen. Ich imitiere sie bloß, Ihre königliche Majestät."

Als der König dies vernahm, wurde er sehr wütend. Er bestrafte den Mann und verbannte ihn aus seinem Land.

Leute können auch so sein. Sie möchten dem Buddha, dem Dharma-König, nahe sein. Sie suchen sein Dharma und werden hochmütig nur allein aufgrund ihrer Suche. Wenn sie ihm dann nahe sind, verstehen sie nicht, dass der einzige Grund für den Tathagata[14] Unzulänglichkeiten an den Tag zu legen war, damit sie ihn bei der Führung der Menschen unterstützten mögen. Oder sie hören seine Lehren und bemerken, dass er mit geschickten Mitteln spricht. So machen sie sich daran, diese gleiche geschickte Sprache zu verwenden, indem sie seine vordergründigen Fehler imitieren. Als Ergebnis verlieren sie alle Vorteile des Buddha-Dharma und fallen in die drei unheilvollen Bereiche zurück. Sie verhalten sich gerade so wie jener Mann, der den König imitierte. Betrachte dich einmal selbst und du wirst feststellen, dass es sich genau so verhält.

[14] Tathagata: eine Bezeichnung für Shakyamuni Buddha, sie bedeutet: „der so Gegangene", „der so Gekommene" oder „der aus der Soheit Gekommene".

DIE PEITSCHENVERLETZUNG   Vor vielen Jahren gab es einmal einen Mann, der vom König ausgepeitscht wurde. Nach der Auspeitschung rieb er seine Wunden mit Pferdemist ein, weil er glaubte, dass sie dadurch sehr schnell heilen würden. Ein dummer Kerl, der zufällig diese Szene mitbekam, war von seiner Entdeckung außerordentlich entzückt. „Ganz bestimmt habe ich die wunderbarste Methode, Wunden zu heilen, entdeckt", dachte er. Er rannte nach Hause und befahl seinem Kind: „Peitsche meinen Rücken aus und sei nicht zu vorsichtig dabei. Ich habe ein gutes Heilmittel dafür und möchte es ausprobieren."

So wurde der Trottel von seinem Kind ausgepeitscht. Vollkommen begeistert rieb er seine Wunden danach mit Pferdedung ein, weil er in dem Glauben war, dass dies ein exzellentes Heilmittel dafür wäre.

Du wirst auf der Welt viele Leute wie diesen finden. Sie hören auf jemand, der sagt, dass eine auf Unreinheit gerichtete Meditationsübung die Wunden der fünf Skandas[15] aufheben wird, und so sprechen sie zu sich selbst: „Ich werde über den Körper einer Frau meditieren und über die fünf Sinnesbegehren, da ich noch keine Unreinheiten entdeckt habe." Aber bevor sie es merken und gegen ihren eigenen Willen, werden sie vom brennenden Wunsch nach einer Frau erfüllt und geraten ganz durcheinander. Dadurch enden sie im Kreislauf von Leben und Tod, bevor sie schließlich in die Hölle fallen. Viele Deppen verhalten sich exakt auf diese Weise.

[15] Fünf Skandas: Die fünf Zustände (Anhäufungen) aller physischen und mentalen Elemente in der Erscheinungswelt. Sie sind Form (Körper), Gefühl, Wahrnehmung, Wollen und Bewusstsein.

DIE NASE Einstmals gab es einen Dummkopf, dessen Frau eine große Schönheit war, das heißt, mit Ausnahme ihrer Nasenform. Um die Wahrheit zu sagen, dieser Gesichtszug war wirklich ausgesprochen hässlich. Eines Tages, als dieser Dummkopf unterwegs war, sah er eine Frau mit einem wunderschönen Gesicht und einer reizenden Nase. Er dachte einen kurzen Moment nach und entschied: „Ich werde dieser Frau die Nase abschneiden und sie auf das Gesicht meiner Frau setzen. Das ist wirklich das Beste, was ich machen kann."

So schnitt er der armen Frau die Nase ab und brachte sie nach Hause. Als er dort ankam, rief er gleich ganz aufgeregt seine Frau herbei. „Komm schnell", rief er, „ich habe dir eine schöne, neue Nase mitgebracht." Seine Frau kam herbei und als sie sich ihm näherte, schnitt er ihr auch die Nase ab. Dann versuchte er, die Nase der anderen Frau auf ihrem Gesicht zu befestigen. Aber natürlich hielt sie dort nicht. Als Ergebnis hatte er nun zwei Gesichter zerstört und beiden Frauen große Schmerzen zugefügt.

Es gibt viele Dummköpfe wie diesen. Sie hören, dass ein alter Mönch oder ein Brahmane über große Heilkraft verfügt und überall, wo er hinkommt, verehrt und geachtet wird. Wenn sie sehen, welche Vorteile solches Leben bringen kann, denken sie: „Ich möchte ihm gleichtun." Dann gehen sie dies in vollkommen falscher Weise an. Sie loben fälschlicherweise sich selbst und geben große Tugendhaftigkeit vor. Natürlich verlieren sie aus diesem Grund alle bisher angesammelten Verdienste und ruinieren ihre Praxis. Wie unnütz dies doch ist! Es ist genauso sinnlos, wie eine fremde Nase abzuschneiden und andere damit schlimm zu verletzen.

DIE GROB GEWEBTE ROBE   Vor vielen Jahren gab es einen Mann, der sein Leben lang hart gearbeitet hatte, um sein Auskommen zu finden. Schließlich, nach langer Arbeit als Angestellter bei einem anderen Mann, hatte er genug Ersparnisse zurückgelegt, um eine alte, grob gewebte Robe zu kaufen. Nachdem er diese Kleidung einige Tage getragen hatte, begegnete er einem anderen Mann, der zu ihm sprach: „Du stammst aus einer gehobenen Klasse. In Wahrheit bist du der Sohn eines Adligen. Warum läufst du mit so einem grob gewebten Gewand herum? Wenn du auf mich hörst, will ich dich lehren, wie du schönen und darüber hinaus noch wundersamen Stoff erhalten kannst. Als einzige Bedingung musst du nur in allen Punkten meiner Anweisung folgen, denn ich werde dich niemals betrügen."

Der arme Mann war so glücklich, dies zu hören, dass er sogleich einwilligte, den Anweisungen zu folgen. Ohne eine Sekunde zu verlieren, begann der andere Mann vor seinen Augen ein Feuer zu entfachen. Als es schön loderte, sagte er: „Nun entledige dich dieses unwürdigen Gewandes und wirf es ins Feuer. Wenn die letzte Faser davon verbrannt ist, werde ich das wundersame und vornehme Gewand erscheinen lassen. Wahrlich, dies wird die Kleidung eines Kaisers sein!"

Als der arme Mann diese Worte hörte, nahm er die grob gewebte Robe ab und schleuderte sie ins Feuer.

Nachdem die letzte Faser davon verbrannt war, suchte er in der Asche nach dem kaiserlich, wundersamen Stoff, aber er konnte nichts davon entdecken. Der andere Mann war inzwischen verschwunden.

Viele Leute teilen dieses Schicksal. Die guten Taten, die sie in früheren Leben vollbracht hatten, machten ihren menschlichen Körper in diesem Leben möglich. Sie sollten auf diesen Körper mit größter Dankbarkeit aufpassen und ihre Übung sollte sie unterstützen, ihre Tugend zu vermehren. Aber sie werden von Leuten außerhalb des Weges, die alle möglichen Versprechungen machen, in die Irre geleitet. „Glaubt alles was ich sage", raten ihnen die Verführer. „Tue Buße durch asketische Lebensweise. Werfe dich auf Felsen, laufe durch das Feuer und gebe deinen Körper auf. Dies ist der wahre Pfad, durch den du als Brahmanen Gott wiedergeboren wirst und Freuden ohne Ende erhalten wirst."

Erbarmen mit den Armen, die diesen Worten Glauben schenken und ihr Leben wegwerfen. Wenn ihre Körper zugrunde gehen, fallen sie in den Höllenbereich und erhalten nichts als Schmerzen. Ihr schwer verdienter menschlicher Körper ist verloren und ihr Leiden ist groß. Sind sie nicht wie dieser arme Mann, der alles Erworbene aufgab? Klar, so ist es!

DER SCHÄFER Vor langer Zeit gab es einen Mann, der so geschickt in der Schafszucht war, dass seine Herde rasch größer wurde. Die Zahl der Schafe stieg von 1000 auf 10.000 Stück an und machte ihn sehr reich. Trotz seines großen Glücks war dieser Mann jedoch sehr knausrig und teilte sein Geld nur ganz selten mit anderen. Ein Mann, der sehr geübt im Betrügen von anderen war, hörte dies und nach einigen raffinierten Annäherungsversuchen fand er sogar einen Weg, dessen bester Freund zu werden.

Als sie eines Tages beisammen waren, sagte dieser Mann zum Schäfer: „Du und ich sind so gute Freunde geworden, dass wir buchstäblich aus dem gleichen Holz geschnitzt sind. Ich kenne eine Familie, die eine sehr schöne Tochter hat, ein wundervolles Mädchen, wirklich. Warum lässt du mich sie nicht hierher holen, so dass sie deine Frau werden kann?"

Der Schäfer war über den Vorschlag des Freundes außer sich vor Freude und überreichte ihm aus Dankbarkeit Schafe und andere wertvolle Gegenstände. Ein paar Tage später kam sein Freund an und sagte: „Ich kann dir deine Frau noch nicht vorbei bringen, sie hat gerade ein Kind bekommen." Obwohl der Schäfer seine Frau noch nicht einmal gesehen hatte, war er überglücklich zu vernehmen, dass ihr erstes Kind schon geboren worden ist. Und wiederum überhäufte er seinen Freund mit großem

Reichtum. Eine kleine Weile später kam der Mann zum Schäfer und sagte: „Mein Freund, es tut mir leid. Ich muss dir mitteilen, dass dein Kind gestorben ist." Als der Schäfer dies hörte, weinte er laut und konnte seine Tränen nicht stoppen.

Du wirst viele Leute auf der Welt finden, die so sind. Nachdem sie viel gelernt und ein gewisses Maß an Verständnis entwickelt haben, horten sie ihr Wissen zu ihrem eigenen Nutzen und Ruhm. Sie werden weder andere lehren noch ihnen erklären, was sie gelernt haben. Sie werden von ihrer sinnlichen Wahrnehmung irregeführt und suchen fälschlicherweise weltliche Vergnügungen. Um Frauen und Kinder zu haben, kommen sie vom rechten Weg ab und vergessen die guten Lehren. Und noch später werden sie ihr Leben verlieren und allen angesammelten Reichtum, was ihnen viel Kummer und Tränen bereiten wird. Es ist genauso wie mit dem Schäfer. Pass auf dich auf, nicht auch diesem Weg zu folgen.

DER TÖPFER UND DER BRAHMANE Einst gab es einen Brahmanen Lehrer, der eine große Versammlung abhalten wollte. Er rief einen Schüler zu sich und sagte: „Ich benötige einige töpferne Schalen, um die Zusammengekommenen bedienen zu können. Geh in die Stadt, finde einen Töpfer und bestelle bei ihm die Schalen."

Der Schüler machte sich in die Stadt auf, holte dort Erkundigungen ein und bevor er sich versah, stand er vor dem Eingang eines Töpfergeschäftes. Der Töpfer kam gerade vom Markt zurück, wo er gehofft hatte, alle seine Schalen zu verkaufen. Auf dem Weg dahin hatte sein Esel plötzlich alle Schalen abgeworfen und sie auf dem Boden zertrampelt. Der Töpfer war so unglücklich, dass er nach Hause eilte und seinen Verlust beweinte.

Als der Schüler den Laden betrat, fand er den Töpfer in genau diesem Zustand vor. „Warum bist du so wütend und unglücklich?", fragte er. Der Töpfer antwortete: „Ich habe jahrelang hart gearbeitet, um die Fähigkeit zu erwerben, gute Schalen herzustellen und jetzt beherrsche ich diese Kunst. Ich war gerade auf dem Weg zum Markt, um meine Waren zu verkaufen, als dieser üble alte Esel alle zerbrach."

Als der Schüler des Brahmanen dies hörte, war er überaus entzückt. „Dieser Esel ist ein außerordentlich famoses Ding", sagte er zu sich selbst. „Er kann in einem kleinen Augenblick all das zerstören, was lange Zeit zur Herstellung gebraucht hat. Ich muss ihn unbedingt kaufen und meinem Lehrer bringen." Dann bot er dem Töpfer etwas Geld für den Esel und dieser nahm es dankbar an.

Der Schüler ritt den Esel den ganzen Weg zurück zu dem Haus seines Lehrers und als er ankam, fragte ihn der Brahmane: „Wo ist der Töpfer? Warum hast du keinen gefunden und mitgebracht? Was in aller Welt hast du mit dem Esel vor?" Der Schüler antwortete: „Dieser Esel ist viel mehr wert als dieser Töpfer. Der Töpfer braucht sehr viel Zeit, um seine Schalen herzustellen, aber dieser Esel hier, der ist fähig, sie alle in einem einzigen Moment zu zerbrechen!"

„Was für ein unwissender Dummkopf du doch bist", schimpfte der Brahmane. „Es ist richtig, dieser Esel kann Sachen zerstören, aber selbst in einhundert Jahren wird er nicht dazu in der Lage sein, eine einzige Schale herzustellen."

Es gibt wirklich viele, die so dumm wie dieser Schüler sind. Selbst wenn sie Opfergaben für einhundert oder sogar tausend Jahre erhalten würden, wüssten sie nicht, diese zu schätzen. Und sie würden als Gegenleistung für das, was sie bekommen haben, lediglich etwas sehr Geringes anbieten. Alles, was sie können, ist, Schaden und Unheil anzurichten und letztendlich hat keiner davon einen Nutzen. Genauso verhalten sich undankbare Menschen.

DER GOLDDIEBSTAHL Vor vielen, vielen Jahren gingen in einem weit entfernten Land zwei Hausierer zusammen auf den Marktplatz, um dort ihre Waren zu verkaufen. Einer der Hausierer bot echtes Gold zum Kauf an, der andere verkaufte Baumwolle. Während des Tages erschien ein Interessent für das Gold und versuchte seine Echtheit zu prüfen, indem er es anbrennen wollte. Danach legte er es auf den Tisch zurück. Als der Hausierer mit der Baumwolle sah, wie er das Gold zurücklegte, versicherte er sich, dass niemand ihn beobachtete, griff schnell nach dem angesengten Gold des anderen Hausierers und wickelte es in seine Baumwolle ein. Aber das Gold war immer noch heiß und verbrannte die Baumwollverpackung. Folglich wurde sein Diebstahl aufgedeckt und er verlor beides, das Gold und die Baumwolle.

Dies ist wie mit der Person außerhalb des Weges, die den rechtmäßigen Buddha-Dharma stiehlt und ihn unter eigenen Lehren versteckt. Er versucht ihn als sein Eigentum auszugeben, aber da seine Lehre eben nicht der Buddha-Dharma ist, erscheint der Buddha-Dharma durch seine falschen Lehren hindurch, und letztendlich gelingt es nicht, sie auf der ganzen Welt zu verbreiten. Gerade wie bei jenem Hausierer, der dem anderen das Gold stahl, wird seine Falschheit aufgedeckt. Schau sorgfältig und du wirst dies selbst entdecken.

EIN AUSGEZEICHNETER FRÜCHTEBAUM Lang ist es her, da gab es einen König, der einen ausgezeichneten Baum besaß. Dieser war sehr groß mit prächtig ausladenden Ästen. Der Baum war im Begriff Früchte zu tragen, deren Wohlgeruch und angenehmer Geschmack weithin bekannt war. Als ein Besucher zum Palast kam, sagte der König zu ihm: „Dieser Baum wird bald köstliche Früchte tragen; möchtest du welche davon?" Der Mann antwortete: „Ja, Eure Majestät, sehr gerne hätte ich welche, aber der Baum ist so groß und breit, dass ich mir nicht vorstellen kann, wie ich sie holen sollte."

Nachdem er über dieses Problem eine Weile nachgedacht hatte, meinte er, es wäre der beste Weg an die Früchte zu gelangen, wenn man den Baum fällen würde. Als der Baum nun gefällt war, machte er sich daran, die Früchte aus den Ästen einzusammeln. Er musste feststellen, dass er nichts zum Einsammeln vorfand und seine ganze törichte Arbeit umsonst gewesen war. Er versuchte sogar, den Baum wieder aufzurichten, aber dieser war schon abgestorben und es gab kein Mittel, ihn wieder zum Leben zurück zu bringen.

Viele Leute sind wie dieser Besucher des Königs. Der Tathagata, der Dharma-König, besitzt den Baum des Bewahrens der Gelübde. Er trägt gute Früchte und die Leute sehnen sich danach, von seinem Geschmack zu kosten. Sie möchten aufrichtig die Gebote

einhalten und die Tugend des Weges praktizieren, aber sie haben keine Einsicht in die geschickten Mittel und enden dann, indem sie die Gebote verletzen. Sie sind genauso wie jener Mann, der den Baum fällte. So sehr er auch versuchte, ihn wieder zum Leben zu bringen, war es doch unmöglich.
Gib Acht, wie du dich verhältst!

QUELLWASSER In grauer Vorzeit gab es einmal ein Dorf, das fünf Kilometer vom Königspalast entfernt war. Dieses Dorf verfügte über köstliches Quellwasser und der König hatte die Dorfbewohner angewiesen, ihm täglich davon zu bringen. Aber die Leute wurden dieses langen Weges bald überdrüssig; sie dachten bald nur noch daran, ganz weit wegzuziehen und das Dorf aufzugeben und ihre Pflicht des Wasserholens loszuwerden. Nach Erwägung des Problems, sagte der Dorfälteste zu den Leuten: „Verlasst eure Häuser nicht. Ich werde den König aufsuchen und ihn bitten, per Erlass feststellen zu lassen, dass die Entfernung zwischen unserem Dorf und dem Palast drei Kilometer beträgt. Dies wird eure Wege erheblich verkürzen und euch auch nicht so ermüden."

So machte er sich zum König auf und trug ihm seine Bitte vor, die der König gerne erfüllte. Als die Dorfbewohner dies hörten, waren sie überglücklich. Aber einer unter ihnen merkte an: „Da ist doch wirklich kein Unterschied zwischen dem Weg jetzt und den ursprünglichen fünf Kilometern. Der einzige Unterschied ist die Bezeichnung dafür." Obwohl alle ihn vernahmen, glaubten sie doch der Anordnung des Königs, und keine noch so vernünftigen Gründe konnten ihre Meinung ändern.

Viele Leute sind so. Sie praktizieren die wahren Lehren, um über die fünf Bereiche[16] hinaus in Richtung Nirwana zu gelangen.

96

Aber die Übung verlangt großen Einsatz und Mühe, ihr Geist wird lustlos und am Schluss möchten sie alles insgesamt aufgeben. Als Ergebnis bleiben sie auf immer im Kreislauf von Leben und Tod gefangen und können nicht weiter voranschreiten. Weil er dies versteht, benutzt der Tathagata, der Dharma-König, seine geschickten Mittel. Er teilt den Dharma des Einen Fahrzeuges[17] auf und erklärt ihn als aus Drei Fahrzeugen[18] bestehend. Dadurch denken viele Leute, die dem Niedrigeren Fahrzeug[19] folgen, ihr Weg wäre der leichtere Weg, Tugend zu praktizieren und jenseits von Geburt und Tod zu gelangen. Dann später, wenn sie erfahren, dass es in Wirklichkeit keine Drei Fahrzeuge gibt, sondern nur das eine, kleben sie an der wortwörtlichen Erklärung Buddhas und sind nicht in der Lage, ihre Meinung zu ändern. Auf diese Weise verhalten sie sich genau wie die Dorfbewohner. So ist es!

[16] Die fünf Bereiche: die Sechs Bereiche abzüglich des Bereichs der kämpfenden Geister. Siehe auch Fußnote 12.

[17] Das Eine Fahrzeug: Dies ist eine andere Art, Buddhas Lehren auszudrücken; es handelt sich um das Fahrzeug, das fühlende Wesen über den Ozean von Geburt und Tod in den Hafen des Nirvana bringt. Die ersten beiden werden manchmal von den Anhängern der dritten Lehrkategorie, dem Großen Fahrzeug (Mahayana) als Niedriges Fahrzeug (Hinanyana) beschrieben.

[18] Die Drei Fahrzeuge: Das sind die drei Arten der Lehrreden als Erwiderung auf die unterschiedliche geistige Aufnahmefähigkeit der Leute: 1) das Fahrzeug der Schüler Buddhas, 2) das Fahrzeug der selbst zur Erleuchtung gekommenen Wesen, 3) das Fahrzeug der Bodhisattvas.

[19] Das Niedrige Fahrzeug: Dieses Fahrzeug legt Wert auf Selbst-Erleuchtung. Es wird oft Hinayana Buddhismus (Niedrige Fahrzeug) genannt.

DER SPIEGEL IN DER SCHATZKISTE Lange vor unserer Zeit gab es einen armen von vielen Sorgen geplagten Mann. Er hatte sich so sehr verschuldet, dass er aus lauter Verzweiflung davon rannte und sich in der Wildnis versteckte. Während er dort so dahinwanderte, stieß er plötzlich auf eine Schatzkiste, die mit seltenen und wunderbaren Schätzen gefüllt war. Wer auch immer den Schatz dort versteckt hatte, hatte auch einen klaren Spiegel zum Schutz des Schatzes darüber gelegt. Als der Mann die Schatzkiste sah, war er überglücklich. Er öffnete sie unverzüglich, aber als er den Spiegel anhob und sein eigenes Gesicht sah, erschrak er sehr. Er klatsche in die Hände und sprach zu seinem Spiegelbild: „Ich dachte, die Truhe wäre leer und würde niemand gehören. Ich wusste nicht, dass du dich darin befindest. Bitte, Herr, ich flehe Sie an, seien Sie nicht wütend." Dann ließ er den Spiegel fallen und floh noch tiefer in die Wildnis.

Viele Leute sind so. Weil sie von zahllosen Leidenschaften beherrscht werden, sind sie tief beunruhigt und folgen dem Dämonen König, dem Urheber von Leben und Tod, überall hin. Sie treten in den Buddha Dharma ein, um tugendhafte Handlungen zu vollbringen und Verdienste anzusammeln, aber gerade wie der Mann, der die Schatzkiste fand und in Verwirrung geriet, als er sich selbst im Spiegel erblickte, sehen auch sie fälschlicherweise ein Selbst[20]. Sie haften an diesem Gedanken eines Selbst an und denken, es wäre Wirklichkeit. Als Ergebnis davon kommen sie vom rechten Weg ab, verlieren die Verdienste der Meditation, der Reinheit und die Früchte der Drei Fahrzeuge. Sie sind gerade wie jener Dummkopf, der eine Schatzkiste zurückließ, weil er sein Spiegelbild darin erblickte und glaubte, es wäre echt.

[20] Selbst: Etwas, das man als unvergängliche und unveränderliche Substanz betrachtet.

DAS AUGE DES ZAUBERERS Eines Tages ging ein Mann, der wünschte sich ganz und gar der Übung des Weges zu widmen, in die Berge. Und tatsächlich wurde er nach einiger Zeit ein Zauberer, der die fünf übernatürlichen Kräfte[21] erlangte. Sein weltliches Auge klärte sich dermaßen, dass er alles durchschaute; er war sogar dazu imstande, die wunderbaren Schätze unter der Erdoberfläche wahrzunehmen. Der König hörte von diesem Mann und sprach zu seinen Beratern: „Lasst euch etwas einfallen, damit dieser Mann für immer in meinem Reich bleibt. Wenn wir sichergehen können, dass er uns nie verlassen wird, werden bestimmt erstaunliche Schätze in mein Schatzhaus gelangen. Nun strengt euch an und überlegt, wie wir das anstellen können."

Als er den Wunsch des Königs hörte, hatte ein törichter Berater eine Idee. Ohne vorher mit jemand darüber zu sprechen, suchte er den Zauberer. Als er ihn fand, stach er ihm beide Augen aus und brachte sie dem König.

„Eure Majestät", sprach er, „ich habe dem Zauberer die Augen entrissen. Nun könnt ihr in Ruhe davon ausgehen, dass er uns niemals verlassen wird."

Der König platzte vor Wut über diesen törichten Mann. „Siehst du nicht, dass der einzige Grund, warum ich den Zauberer hier behalten wollte, seine Fähigkeit war, sogar Schätze unter der Erdoberfläche sehen zu können?

Jetzt, wo du ihm seine Augen herausgerissen hast, wie könnte ich da seine übernatürliche Sehkraft nutzen?"

Solche Leute gibt es. Sie beobachten, wie andere in Bergwäldern, in der Wildnis, auf Friedhöfen oder unter Bäumen praktizieren. Diese ernsthaften Sucher des Weges beherrschen die vier Methoden, das Böse zu beenden und das Gute hervorzubringen, oder sie bringen die Meditation über die Unreinheit des Körpers zur Vollendung. Aus eigennützigen und dummen Gründen werden sie von Leuten überredet, in deren Häuser zu kommen und es werden ihnen zahlreiche Dinge angeboten. Auf diese Weise zerstören sie die gute Praxis der Entsagung, was dazu führt, dass die Frucht des Weges unerreicht bleibt. Am Schluss ist das Auge des Weges verloren und diese wahrhaften Sucher verlieren alle Verdienste, die sie bereits angesammelt hatten. Diese törichten Menschen sind gerade wie der dümmliche Berater, der nutzlos die Augen des Zauberers zerstörte.

[21] Die fünf übernatürlichen Kräfte: 1) übernatürliche physische Kraft, 2) das übernatürliche Ohr; 3) das übernatürliche Auge; 4) die Fähigkeit, die Gedanken anderer zu lesen; 5) das Wissen über vergangene Leben.

DER MANN, DER SEINE KÜHE TÖTETE Viele Jahre ist es her, da lebte einmal ein Mann, der besaß zweihundertfünfzig Kühe[22]. Er kümmerte sich sehr um seine Herde, immer trieb er sie zu frischem Trinkwasser und zu Weideland, gerade wie es nötig war, und stellte sicher, dass sie zu allen Jahreszeiten ausreichend Futter fanden. Eines Tages tauchte ein Tiger auf und fraß eine der Kühe. Als der Mann dies entdeckte, dachte er: „Dadurch, dass ich eine Kuh verloren habe, ist meine Herde nicht mehr vollständig. Zu was sind dann die anderen Kühe noch von Nutzen?" Mit dieser einfältigen Idee im Kopf trieb er die Herde an den Rand eines hohen Kliffs und stürzte sie in eine tiefe Schlucht. Dadurch fanden alle den Tod.

Einfache Leute und Dummköpfe sind genauso. Sie erhalten die Gebote vom Tathagata, aber selbst wenn sie eine davon brechen, bedauern sie es nicht, noch läutern sie sich mit einer Beichte. Sie denken: „Ich habe bereits ein Gebot gebrochen, so kann ich alle nicht weiter einhalten. Welchen Nutzen hätte das Befolgen der anderen Gebote?" Dann brechen sie auch alle anderen Gebote und lassen keines unversehrt. Auf diese Weise verhalten sie sich genau wie der Einfaltspinsel, der seine gesamte Herde umbrachte, ohne nur ein einziges Tier am Leben zu lassen.

[22] Die zweihundertfünfzig Kühe repräsentieren die zweihundertfünfzig Gebote des frühen Buddhismus.

DIE HÖLZERNE WASSERRINNE Vor vielen Jahren bekam ein Reisender einmal sehr großen Durst. Glücklicherweise traf er auf eine hölzerne Wasserrinne, durch die klares, sauberes Trinkwasser rann. Er trank davon, bis sein Durst gelöscht war. Und dann, als er fertig getrunken hatte, hob er seine Hand und sprach zum hinunterlaufenden Wasser: „Ich bin fertig mit Trinken. Wasser, hör' sofort auf weiter zu laufen." Obwohl er diese Worte gesprochen hatte, fuhr das Wasser fort, weiter hinab zu plätschern. Als der Mann dies sah, wurde er sehr ärgerlich und schrie das Wasser an: „Ich bin fertig mit Trinken und habe dir befohlen, aufzuhören zu fließen. Warum machst du das nicht?"

Ein Mann, der Zeuge dieses Vorfalls wurde, näherte sich dem Reisenden und sagte: „Du bist ja wirklich ein ausgemachter Dummkopf! Warum gehst du nicht einfach weg, anstatt das Wasser anzuschreien, es möge mit dem Fließen aufhören?" Er griff sich den Dummkopf und schickte ihn seines Weges.

Leute sind so. Sie entwickeln großen Durst im Bereich zwischen Leben und Tod und trinken daher das bittere Wasser der fünf Verlangen. Dann, wenn sie ihrer Leidenschaften überdrüssig werden, wie der Mann, der seinen Durst stillte, sagen sie: „Ihr Formen, Töne, Gerüche, Geschmäcker und sonstigen Dinge, die ich berührt habe, ich verlange nicht mehr nach euch. Ich wünsche euch nicht mehr zu begegnen." Aber die fünf Verlangen

führen ihre Aktivitäten weiter fort und lassen sich von solchen Worten nicht beeindrucken. Wenn die Leute merken, dass ihre Worte keinen Einfluss haben, werden sie wütend: „Hast du nicht verstanden, was ich gesagt habe?", fragen sie, „Ich möchte, dass du verschwindest und nicht noch einmal auftauchst. Warum hältst du dich nicht daran?"

Dann erhalten sie den Rat einer weisen Person: „Wenn du diese Leidenschaften tatsächlich hinter dir lassen willst, musst du die sechs Sinneswurzeln[23] kontrollieren und deine Sinne abschotten. Auf diese Weise werden die unterscheidenden Gedanken ein Ende finden und du wirst Befreiung erlangen. Es wird dann für dich keine Notwendigkeit mehr geben, deinen Verlangen zu befehlen, sie mögen verschwinden."

Diese Leute sind wie der Dummkopf, der sich am klaren Wasser erfrischte und dann dem Wasser befahl, mit dem Fließen aufzuhören. Da gibt es wirklich keinen Unterschied.

---

[23] Sechs Sinneswurzeln: die fünf Organe und der Geist.

VERPUTZ AUS REISSTROH Lange ist es her, da erhielt ein Mann Besuch von einem Dummkopf. Als der Dummkopf ankam, sah er, wie der Mann eifrig damit beschäftigt war, die Wände seines Hauses zu verputzen. Die Oberfläche war glatt, sauber und hatte ein ansprechendes Aussehen. So fragte der Dummkopf den Mann: „Welche Zusammensetzung verwendest du, um eine so schöne Fassade zu erhalten?" Der Mann antwortete: „Die Mixtur ist nicht besonders schwierig. Ich habe einfach Reisstroh genommen, ihn in Wasser eingeweicht, dann verrotten lassen und später habe ich ihn mit Lehm vermischt. Als alles fertig war, habe ich die Wände verputzt und es wurde so, wie es jetzt ist."

Der Dummkopf machte sich sofort auf den Heimweg und dachte auf seinem Weg: „Wenn eine Wand mit Reisstroh so glatt und sauber wird, um wie viel besser müsste dies werden, wenn man Reiskörner in die Mischung gibt und dann die Wände verputzt. Sicherlich wird es ganz weiß und sauber werden und die Oberfläche sogar glatter und viel schöner als wenn ich Reisstroh verwenden würde."

Als er zuhause ankam, machte er sich sogleich an die Arbeit. Er nahm Reiskörner, vermischte sie mit etwas Lehm und begann sofort damit, eine seiner Wände zu verputzen, immer in der Hoffnung, sie werde glatt und

ordentlich werden. Aber anstatt des erwarteten Ergeb-
nisses wurde die Wand ganz rau und hatte viele Risse.
Und, um die ganze Sache noch zu verschlimmern, hatte er
seinen ganzen Vorrat an Reis für Nichts verbraucht. Um
wie viel besser wäre es gewesen, wenn er den Reis verkauft hätte und den Gegenwert dafür erhalten hätte.

Viele Leute sind genauso. Sie hören einen Weisen den Weg
lehren: „Wenn du gute Taten vollbringst und dich von deinem
Körper trennst, wirst du eine Geburt im Bereich der Götter
erwirken und Befreiung erlangen." Tatsächlich verstehen sie
nicht wirklich die wahre Bedeutung der Worte des Weisen und
töten sich selbst in der Hoffnung auf eine Wiedergeburt im
Bereich der Götter. Letztendlich zerstören sie vergeblich sich
selbst und erreichen damit rein gar nichts. Das ist das Gleiche,
wie bei dem Dummkopf, der seine Wände mit Reiskörnern
verputzte.

EIN MITTEL GEGEN EINE GLATZE Früher einmal gab es einen Mann, der nicht ein einziges Haar auf seinem Kopf hatte. Natürlich war es ihm im Winter sehr kalt und im Sommer wurde er von der Hitze geplagt. Als wäre dies noch nicht schlimm genug, wurde er auch noch oft von Pferdebremsen und Moskitos gebissen. Tag um Tag, Nacht um Nacht verursachte ihm seine Glatze nicht enden wollendes Leiden.

Es stellte sich heraus, dass es einen Arzt ganz in seiner Nähe gab, der für sein wunderbares Fachwissen bekannt war. Eines Tages entschied der Mann, dass es nun genug sei, machte sich zu dem Doktor auf und sagte: „Oh, großer Doktor, ich erbitte nur eine einzige Sache von dir: bitte verhilf mir wieder zu Haaren." Aber auch der Arzt war glatzköpfig und nahm einen Hut ab, um es dem Mann zu zeigen: „Ich habe auch eine Glatze und leide darunter. Wenn ich ein Heilmittel dagegen wüsste, hätte ich es schon vor langer Zeit selbst angewendet!"

So sind die Leute. Sie werden von Geburt, Krankheit, Alter und Tod bedrängt und beunruhigt und suchen nach einem Ort, wo es nur langes Leben und keinen Tod gibt. Dann hören sie von Mönchen, Brahmanen und anderen Praktizierenden, von denen behauptet wird, sie seien die Mediziner der Welt, fähig alle Beschwerden zu heilen. So machen sie diese ausfindig und sagen: „Ich erbitte nur eine Sache von dir: befreie mich von den

Leiden der Unbeständigkeit, der Geburt und dem Tod. Verhelfe mir dazu, immer in Glückseligkeit zu bleiben und lass dies für alle Zeiten unverändert so bestehen."

Die Brahmanen und andere erwidern: „Aber ich leide genauso unter der Unbeständigkeit von Geburt, Krankheit, Alter und Tod. Ich habe den Ort ewigen Lebens auf vielerlei Arten und Weisen gesucht, aber bis zum heutigen Tag war es mir nicht möglich, ihn zu finden. Wenn ich einen Weg finden würde, würde ich ihn zu allererst für mich verwenden und dann würde ich mich glücklich schätzen, ihn auch dir mitzuteilen." Diese Leute sind genau wie der Mann, dem seine Glatze schwer zu schaffen machte. Er war unnötig besorgt, denn einmal glatzköpfig, kann niemals wieder auf dem Kopf ein Haar wachsen.

FLEISCHFRESSENDE DÄMONEN Vor vielen Jahren lebten zwei fleischfressende Dämonen, die zusammen nur eine Truhe, einen Stock und ein Paar hölzerne Schuhe besaßen. Sie kämpften bitter darum, denn jeder wollte diese Dinge sein Eigen nennen. Tag um Tag ging ihr Streit weiter, bis sie ein Mann, der sie streiten sah, fragte: „Was ist das Besondere an dieser Truhe, diesem Stock und den Schuhen? Warum werdet ihr darüber so wütend und kämpft darum?"

Die zwei Dämonen antworteten: „Diese Truhe enthält alle Arten unvorstellbarer Stoffe, Nahrung, Bettzeug und alle anderen zum Leben nötigen Dinge. Wenn man den Stock hält, sind sofort alle Feinde unter Kontrolle und kein einziger wagt es noch, sich zu nähern. Und mit diesen Schuhen hat es folgende Bewandtnis: derjenige, der sie trägt, kann fliegen und nichts kann seinen Flug stoppen."

„Jetzt verstehe ich", sagte der Mann, „warum lasst ihr mich euch nicht helfen? Wenn ihr beide nur einen kleinen Schritt zurück treten und mir ein wenig Platz machen würdet, dann will ich die Sachen gerecht unter euch aufteilen." Die Dämonen traten ein wenig zur Seite, und sobald sie dies machten, schnappte sich der Mann die Truhe und nahm den Stock an sich. Dann stieg er in die Schuhe und flog hoch in die Luft.

Die Dämonen waren überrascht und blickten dem Mann nach, der sie betrogen hatte. Dann hörten sie ihn sagen: „Nun, nachdem ich euch die Sachen, über die ihr streitet, weggenommen habe, braucht ihr nicht länger darum zu kämpfen." Die Dämonen konnten nicht glauben, was passiert war, aber nun war es zu spät, um etwas zurückzuerhalten.

Wenn du die Truhe als Almosenspender betrachtest, wirst du feststellen, dass alle Bedürfnisse der fünf Bereiche aus der Praxis des Gebens herrühren. Konzentration ist wie dieser Stock; er besiegt Ärger und Verlangen. Und die Einhaltung der Gebote ist wie die hölzernen Schuhe, die die Menschen in den Bereich der Götter erheben.

Dämonen und Leute außerhalb des Weges, die um eine Truhe kämpfen, können mit Leuten verglichen werden, die die guten Früchte ihrer Praxis suchen und von ihren Verlangen in die Falle gelockt werden. Ihre Anstrengungen sind vergeblich und letztendlich wird nichts erreicht. Nur wenn man das Geben und Vollbringen guter Taten praktiziert, die richtige Versenkung des Samadhi kultiviert und die Gebote einhält, kann man Befreiung von Leiden erlangen und die Früchte des Weges erhalten.

BAND DREI

DER HAUSIERER UND DIE KAMELHAUT Einstmals reiste ein Hausierer mit wunderschönen Stoffen, Teppichen und vielen anderen seltenen Schätzen weit herum, um seine Waren zu verkaufen. Eines Tages, als er so auf dem Weg war, wurde sein Kamel, das alle diese Schätze transportierte, ganz plötzlich krank und starb gleich darauf. Der Hausierer wies seine Gehilfen an, das bedauernswerte Kamel zu häuten. Noch während sie an der Arbeit waren, sammelte er einige seiner Sachen zusammen, um seine Reise fortsetzen zu können. Bevor er aufbrach, sprach er jedoch zu seinen Gehilfen: „Passt gut auf die Kamelhaut auf. Lasst sie nicht nass werden, sonst geht sie kaputt." Die Lehrlinge versprachen ihm, genau zu tun, was er ihnen aufgetragen hatte. Zufrieden mit ihrer Zusage, machte sich der Hausierer auf seinen Weg.

Einige Tage später begann es sehr stark zu regnen. Die Lehrlinge, deren Dummheit wirklich jenseits aller Vorstellungskraft war, erinnerten sich ihres Versprechens dem Hausierer gegenüber und bedeckten die Kamelhaut mit einigen der Tüchern und Teppichen, die er zurückgelassen hatte. Natürlich wurden diese kostbaren Gegenstände dadurch völlig ruiniert. Man kann den Wert einer Kamelhaut und schönen Teppichen schwer vergleichen, aber in ihrer Beschränktheit kam ihnen dies noch nicht einmal in den Sinn.

Die Leute handeln oft auf diese Weise. Sie geloben, Gewaltfreiheit zu praktizieren und wissen, dass der beste Weg einen Buddha-Körper zu erhalten, niemals zu töten ist. Dies ist so kostbar wie die erlesenen Teppiche des Hausierers. Aber die Leute halten ihre Gelübde nicht ein und suchen nicht nach geeigneten Mitteln zu ihrem Schutz. Und anstatt ihre Übung mit Hingabe zu verrichten, benutzen sie ihren Reichtum und Besitz, um Schreine und Tempel zu errichten und bringen den Mönchen Opfergaben dar. Es ist genau so, als würde man die tote Kamelhaut mit wertvollen Schätzen überdecken oder als würde man die Wurzeln eines Baumes zerstören, um seine Äste zu beschützen.

Gerade weil die Leute sich so verhalten, wandern sie endlos ohne Hoffnung auf Befreiung in den fünf Bereichen umher. Für die Anhänger des Weges ist es besser, sorgfältig das Gebot der Gewaltfreiheit zu beschützen, da es der wahre Schatz ist. Vergiss dies nicht!

EINEN STEIN POLIEREN Es gab einmal einen Mann, der den ganzen Tag damit zubrachte, einen Stein zu schnitzen und zu polieren. Woche um Woche, Monat um Monat arbeitete er fleißig an seiner selbstgewählten Aufgabe. Schließlich nach einer großen Zeitspanne gelang es ihm, eine Spielzeugkuh aus dem Stein auszuformen. Letzten Endes war seine Anstrengung enorm groß, aber das Ergebnis im Vergleich dazu nur sehr klein.

Die Menschen arbeiten oft mit großem Fleiß, studieren lange Jahre und nach viel Schweiß und Mühsal erwerben sie ein gewisses Verständnis. Allerdings benutzen sie ihre enormen Anstrengungen nur dazu, mehr Ruhm als die anderen zu erlangen. Wie dumm! Diejenigen, deren Studien umfassend genug sind, um ihnen Einsicht und Verständnis zukommen zu lassen, sollten fortfahren, ihre Arbeit zu vertiefen und nur nach den höchsten Früchten des Verstehens streben. Wenn ein bisschen Ruhm und ein Gefühl des Stolzes alles ist, was sie suchen, werden sie über kurz oder lang in große Schwierigkeiten geraten und alle ihre Anstrengungen werden vergeblich gewesen sein.

EIN HALBER REISKEKS Vor langer Zeit war ein Mann einmal so hungrig, dass er zu seinem Küchenschrank ging und sich sieben Reiskekse aus seinem spärlichen Vorrat holte. Dann verschlang er die Kekse einen nach dem anderen und hörte erst auf zu essen, als er sechseinhalb Kekse vertilgt hatte. Als er auf den in seiner Hand liegenden restlichen halben sah, bedauerte er sehr, was er gemacht hatte und schimpfte ärgerlich mit sich. „Der letzte Reiskeks hat mich satt gemacht", sagte er. "Die anderen habe ich alle umsonst gegessen. Wenn ich gewusst hätte, dass der letzte halbe mir die Sättigung bringt, hätte ich ihn als allererstes gegessen."

Die Leute sind oft genauso. Von Hause aus gibt es keine Freude. Aber die Personen mit nur wenig Verständnis erfinden die Vorstellung von Behagen, genau wie der Dummkopf, der fälschlicherweise annahm, er wäre von dem halben Reiskeks satt geworden. Die Leute entscheiden dann, dass großer Reichtum sehr angenehm sei und verfolgen dieses Ziel. In Wahrheit jedoch ist das Streben nach Reichtum, das Erlangen von Reichtum, der Schutz des Reichtums und der Verlust sehr mühevoll. Solche Sachen wie Kleidung und Nahrung sind nur dann ein tatsächliches Vergnügen, wenn sie wirkliche Bedürfnisse befriedigen.

Schau sorgfältig und du wirst feststellen, dass der Gedanke an Vergnügen genau inmitten von Qual entsteht. Wie die Buddhas uns lehrten: „In der Vergangenheit, der Gegenwart und in der Zukunft gibt es keine Bequemlichkeit, nur Mühen. Aber trotzdem hängen diejenigen mit geringerem Verständnis fälschlicherweise einer Idee der Freude an." Lass dich nicht von solchen falschen Auffassungen einfangen!

DER DIENSTBOTE, DER AUF DIE HAUSTÜR AUFPASSTE

Ein Mann, der im Begriff war, eine lange Reise anzutreten, sprach zu seinem Dienstboten: „Pass gut auf die Haustür auf und vergewissere dich auch, dass der Esel mit seinem Seil nicht abhandenkommt." Der Diener versprach es und der Hausherr machte sich auf seinen Weg.

Ein paar Tage nachdem der Hausherr gegangen war, erhielt der Diener jedoch die Neuigkeit, dass sich einige Leute im Nachbarort versammeln und dort Musik aufspielen würden. Dies beschäftigte ihn sehr, denn er liebte es, Leute etwas Vorführen zu sehen und Musik zu hören. Er konnte nicht aufhören, darüber nachzudenken, wie er dorthin gelangen und dabei sein könnte. Schließlich nahm er das Seil, band die Tür am Rücken des Esels fest und ging mit ihm zur Schaubühne, wo er die Musik genoss. Während er sich dort vergnügte, bemerkten einige Einbrecher, dass die Tür fehlte, brachen in das Haus ein und machten sich mit allen wertvollen Besitztümern aus dem Staub.

Als der Hausherr nach Hause zurückkam und sein Haus offen und ungeschützt vorfand, rief er seinen Diener zu sich. „Wo sind alle Sachen?", verlangte er zu wissen. Der Diener antwortete: „Du hattest mir aufgetragen, auf die Tür, den Esel und sein Seil aufzupassen. Das ist genau das, was ich gemacht habe. Alles davon ist hier, wie du siehst. Ich weiß von nichts anderem mehr."

Der Hausherr konnte seinen Ohren nicht glauben. „Du ausgemachter Trottel", schrie er, „ich habe dir befohlen die Tür zu bewachen, damit sie den Inhalt meines Hauses beschützt. Jetzt, nachdem alle meine Besitztümer verloren sind, wozu brauche ich da noch eine Tür?"

Dummköpfe im Bereich von Geburt und Tod, die sich zu Knechten ihrer Wünsche machen, sind genauso. Der Tathagata lehrt uns immer, die Tore der fünf Sinne und des Geistes gut zu bewachen, um Anhaftung an die sechs Sinnesobjekte[24] zu vermeiden, den unwissenden Dummkopf und die Kraft der Leidenschaften genau zu beobachten. Aber viele Mönche folgen nicht Buddhas Lehren und jagen gierig Annehmlichkeiten hinterher, während sie vorgeben, rein zu handeln. Obwohl sie in Meditation sitzen, flattert ihr Geist unaufhörlich bei der Anhaftung an die fünf Begierden. Sie werden von Formen, Tönen, Gerüchen, Geschmäckern und berührbaren Dingen verwirrt. Ihr Geist ist geblendet von Unwissenheit und gebunden mit dem Tau der Begierden. Aus diesem Grunde sind Schätze wie ein klarer Gedanke, ein erwachter Geist und der Pfad der Weisheit auf ewiglich für sie verloren. Genauso ist es!

[24] Die sechs Sinnesobjekte: Objekte des Sehens, Objekte des Hörens, des Geruchs, des Geschmacks, berührbare Objekte und Objekte des Geistes.

DER GESTOHLENE BÜFFEL Vor vielen Jahren kamen eine ganze Menge Leute aus einem Dorf zusammen, machten sich zum Nachbardorf auf und stahlen einen Büffel. Sie führten den Büffel in ihr Dorf, wo sie das arme Biest töteten und ein Festmahl veranstalteten, bis kein Stückchen von ihm übriggeblieben war. Als der Besitzer des Büffels den Diebstahl entdeckte, hielt er Ausschau nach Hinweisen und entdeckte schließlich Fussspuren, die ihn in das Dorf der Diebe führten.

Bei seiner Ankunft im Dorf bat er alle Dorfbewohner sich zu versammeln und begann ihnen Fragen zu stellen, als sie alle da waren:

„Lebt ihr in diesem Dorf, oder nicht?", fragte er.

Die Diebe schauten einander an und antworteten: „Tatsächlich gibt es hier gar kein Dorf."

Der Mann war über diese Antwort sehr verwundert, fuhr aber fort: „In diesem Ort", sagte er, „gibt es einen Teich. Habt ihr meinen Büffel getötet und neben dem Teich verspeist, oder nicht?"

Die Diebe erwiderten: „Guter Mann, da ist kein Teich."

Aber der Mann ließ sich nicht abfertigen und fragte weiter: „Ist dort ein Baum neben dem Teich, oder nicht?"

„Dort befindet sich kein Baum.", sagten die Dorfbewohner.

Davon nicht abgeschreckt fuhr der Mann fort wie vorher: „Als ihr meinen Büffel gestohlen habt, wart ihr dann östlich der Stadt oder nicht?"

Die Leute aus dem Dorf antworteten: „Herr, da gibt es kein Osten."

„Und war es mittags oder nicht?", beharrte er.

„Es gibt kein Mittag.", antworteten sie.

Nun nahm der Mann einen tiefen Atemzug und schaute sie einen nach dem anderen ruhig an. „Selbst wenn ich zugestehe, dass es kein Dorf und keinen Baum gibt", sagte er, „wie um Himmels Willen kann es kein Osten und keine Zeit geben? Es ist offensichtlich, dass alle eure Antworten gelogen sind und nur ein Dummkopf würde ein Wort glauben, das ihr erzählt. So frage ich euch ein allerletztes Mal: Habt ihr meinen Büffel gestohlen und ihn verspeist, oder nicht?"

Schließlich antworteten die Diebe: „Ja, das haben wir!"

Leute, die die Gebote brechen, sind wie diese. Sie verheimlichen ihr Vergehen und tun alles in ihrer Macht stehende, um eine Bloßstellung zu verhindern. Letztendlich sterben sie und kommen in den Höllenbereich, wo die tugendhaften Götter ihre durchdringende Sicht dazu verwenden, um ihren Schwindel zu durchschauen. Gerade wie die Leute mit dem gestohlenen Büffel; am Ende gibt es keine Möglichkeit, es zu leugnen.

DER ENTEN-RUF In einem anderen Land war es an Festtagen Brauch, dass die Frauen ihr Haar mit einer wunderschönen Seerose schmückten. Bei einer solchen Gelegenheit gab es einen armen Mann, dessen Frau sehr böse war. „Bring mir eine Blüte von einer Seerose", befahl sie ihm, „und ich werde deine Frau bleiben. Aber wenn du noch nicht einmal das besorgen kannst, werde ich dich verlassen."

Ihr Mann verstand sich gut darauf, den Ruf einer Ente zu imitieren, und machte sich auf den Weg zum Teich des Königs. Als er dort ankam, stieg er ins Wasser, machte den Enten-Ruf nach und konnte so in die Nähe der Seerosen gelangen, ohne irgendwelche Aufmerksamkeit auf sich zu ziehen. Dann stahl er eine wunderschöne Blüte für seine Frau.

Als der Mann mit der wertvollen Blüte zurück an das Ufer watete, vermeinte der Teichwächter, etwas gehört zu haben und rief: „Wer ist im Teich?"

Der arme Mann wurde nervös und antwortete ohne nachzudenken: „Es ist eine Ente." Darauf kam der Teichwächter angerannt, schnappte sich den Mann und eilte mit ihm vor den König.

Auf dem Weg dorthin, wurde dem armen Mann Angst und Bange und in einem verzweifelten Versuch, die Sache doch noch zum Guten zu wenden, imitierte er den Ruf der Ente noch einmal. Der Teichwächter war überrascht.

124

„Warum auf alles in der Welt hast du das nicht schon vorher gemacht?", fragte er kopfschüttelnd. „Was für einen Nutzen hat es jetzt?"

Es gibt viele Leute, die sind wie dieser einfältige Mann. Sie verbringen ihr ganzes Leben damit, Schwierigkeiten zu kreieren und verursachen anderen Leid und verwenden wirklich keine Zeit dafür, ihren Geist zu trainieren und Tugenden zu entwickeln. Dann bei ihrem Lebensende, wenn sie dem Tod ins Auge schauen, sagen sie: „Jetzt möchte ich gute Taten vollbringen und mich voll und ganz der Übung des Weges widmen." Aber sie befinden sich schon in den Fängen des Kerkermeisters der Hölle, der sie vor den König des Todes bringen möchte. Obwohl sie wünschen, gute Taten zu vollbringen und ihren Geist zu schulen, ist es nun zu spät: genau wie bei dem einfältigen Mann, der den Enten-Ruf auf dem Weg zum König machte.

DER FUCHS UND DER HERABGEFALLENE AST Eines Nachmittags lag ein Fuchs schläfrig unter einem Baum. Plötzlich kam ein starker Wind auf und brach einen Ast ab, der direkt von der Spitze des Baumes auf den Rücken des Fuchses fiel. Zuerst schloss der Fuchs seine Augen, so dass er den Baum nicht länger anschauen musste, aber kurze Zeit später wurschtelte er sich darunter hervor und rannte, bis er ziemlich weit davon entfernt war.

Als später die Sonne unterging, konnte der Fuchs den Baum von der Stelle, wo er saß, immer noch sehen, aber er traute sich nicht zurückzukehren. Nach einer Weile frischte der Wind jedoch wieder auf. Der Fuchs beobachtete den Baum, wie er scheinbar seine Äste in der Luft hoch und runter bewegte.

„Ah", dachte der Fuchs, „der Baum ruft mich. Ich sollte besser zurückkehren."

Einfältige Schüler mit nur wenig Verständnis sind so. Sie haben ihre Häuser verlassen und gelernt, mit einem Lehrer zu leben, aber die kleinste Schelte lässt sie davonlaufen. Dann reisen sie weit und fern und treffen auf Lehrer mit verzerrten Ansichten, die sie so schlimm verunsichern, dass sie nicht mehr wissen, was sie glauben sollen. So gehen sie zu ihrem ursprünglichen Lehrer zurück. Dieses Hin und Her wird von ihren Täuschungen verursacht, aber es ist sehr schwer für sie, dies einzusehen und eine erforderliche Veränderung zu vollziehen.

EINE HANDVOLL HAAR Vor langer Zeit spielten zwei Kinder in dem Fluss, der an ihrem Dorf vorbeifloss. Als sie durch das Wasser zum Boden des Flusses blickten, sahen sie eine Handvoll Haare. Sie schöpften sie herauf und eins der Kinder meinte: „Dies war der Bart eines Zauberers." Das andere widersprach. „Nein", sagte es, „es ist das Fell eines großen braunen Bären." Sie stritten sich hin und her, jedes darauf beharrend, dass seine Meinung die richtige wäre.

Währenddessen saß ein Zauberer ein kleines Stück weiter unten am Flussufer. Weil die Kinder immer weiter stritten und diese Frage nicht allein klären konnten, näherten sie sich dem Zauberer und baten ihn um Hilfe. Der Zauberer nahm etwas Reis und Sesamsamen, die er in seiner Tasche bei sich hatte, kaute auf ihnen herum, bis sie zu einem Brei geworden waren und spuckte die Mischung dann in seine Hand. Dann hielt er sie den Kindern hin und sagte zu ihnen: „Dies ist Pfauen-Dung." Die Kinder waren verwirrt und hatten viele Fragen zu dem, was er ihnen vorgemacht hatte. Aber der Zauberer weigerte sich, auch nur eine einzige Antwort zu geben.

Als die Leute davon hörten, lachten sie über den Zauberer und schüttelten ihre Köpfe. Sie dachten, er wäre tatsächlich ein unwissender Mann.

128

Dumme Lehrer sind auch so. Wenn sie die Lehren erklären, kommen sie mit unsinnigen Argumenten daher, geben lächerliche Antworten auf Fragen, die gar nichts aussagen. Sie sind wie der Zauberer, der die Fragen der Kinder nicht beantworten wollte und so endete, dass jeder über ihn lachte. Sei vorsichtig mit jenen, die unaufrichtige und verwirrende Erklärungen geben, denn sie sind genau wie dieser dumme Mann.

DER DOKTOR UND DER BUCKLIGE Ein Mann wachte eines Morgens auf und entdeckte, dass er über Nacht einen Buckel bekommen hatte. Er suchte sofort den ortsansässigen Doktor auf und flehte ihn an, er möge sich ein Heilmittel dafür einfallen lassen. Der Arzt überdachte die Situation und schließlich fiel ihm ein Plan ein, von dem er meinte, er werde mit Sicherheit die nötige Hilfe bringen. Er bedeckte beide Körperseiten des armen Mannes mit Öl und platzierte dann feste Bretter vorne und hinten auf ihm. Dann drückte er mit all seiner Kraft gegen die Bretter. Der Rücken des Mannes bewegte sich keinen Zentimeter, und bevor der Doktor überhaupt realisierte, was vor sich ging, sprangen die beiden Augen des Mannes aus dem Kopf heraus.

Dummköpfe dieser Art gibt es überall. Sie hoffen, ihre Glücksgefühle festzuhalten, indem sie sich unehrlich verhalten bei der Ausübung ihres Berufes. Aber da ihr Verhalten im Widerspruch zum Dharma steht, kommt der Gewinn, selbst wenn sie Reichtum erwirtschaften, dem Verlust nicht annähernd gleich. Im kommenden Zeitalter wird ihr Leben von Höllenschmerzen erfüllt sein, genau wie bei dem Dummkopf, dessen Augen aus dem Kopf gesprungen sind.

DAS TEILEN EINES DIENSTMÄDCHENS Vor langer, langer Zeit kauften einmal in einem entfernten Land fünf Männer gemeinsam ein Dienstmädchen. Sie wollten ihre Arbeitskraft untereinander teilen. Gleich am ersten Tag sprach einer der Männer zu ihr: „Ich möchte, dass du meine Wäsche wäschst." Die Dienstmagd nahm die Kleidungsstücke und machte sich an die Arbeit, als sich ihr ein anderer Mann näherte und sagte: „Nimm meine Sachen und wasche sie unverzüglich." Da sagte das Dienstmädchen zu dem zweiten Mann: „Da mir der Mann seine Wäsche zuerst gegeben hat, werde ich sie auch zuerst waschen und danach werde ich deine Sachen reinigen." Der zweite Mann wurde wütend. „Ich habe dich auch gekauft", sagte er, „du arbeitest für uns beide. Wieso erdreistest du dich, nur einem zu dienen!" Dann nahm er seine Peitsche und verabreichte der armen Frau zehn Hiebe. Als die anderen vier Männer erfuhren, was passiert war, gaben sie ihr ein jeder auch zehn Hiebe.

Auf diese Art arbeiten die fünf Skandhas. Sie bilden zusammen einen Körper, der in Abhängigkeit zu den Ursachen und Wirkungen der Leidenschaften steht. Dann verbinden diese fünf Skandhas Geburt, Alter, Krankheit und Tod, um fühlende Wesen anzutreiben und ihnen unendliches Leiden und Schmerzen zu verursachen.

DER ENTERTAINER Ein Alleinunterhalter wurde einmal aufgefordert, Musik für den König zu spielen und man gab ihm das Versprechen, dafür eintausend Pfennig zu erhalten. Er spielte dem König auf recht geschickte Weise vor und als er fertig war, wünschte er seinen Lohn. Aber der König wollte ihm nicht das geben, was er vorher versprochen hatte, und sagte: „Es ist richtig, du hast Musik gemacht, aber was kam dabei heraus? Es hat mir nur Vergnügen bereitet. Wenn ich dir jetzt die eintausend Pfennig geben würde, würde es auch dir nur Vergnügen bereiten."

Die weltlichen Entlohnungen sind genauso. Im menschlichen oder sogar im himmlischen Bereich sind die kleinen Vergnügen, die man erhält nicht reell und sie setzen den Schwierigkeiten und Qualen des Lebens kein Ende. Unbeständig und flüchtig sind diese Vergnügen und genauso leer wie die Musik, die der Unterhalter dem König dargebracht hat.

DIE BEINE DES LEHRERS Es gab einmal einen Lehrer, der hatte zwei Schüler, die ziemlich eifersüchtig aufeinander waren. Der Lehrer war nicht mehr jung und hatte Probleme mit seinen Beinen, daher fragte er gelegentlich seine Schüler, eins davon zu massieren. Eines Tages, als sie gerade seine Beine massiert hatten, entfernte sich einer der Schüler. Der andere Schüler wartete, bis der Weggehende außer Sichtweite war, dann nahm er das Bein, das er nicht massiert hatte, schlug mit einem Stein darauf und brach es. Als der erste Schüler zurückkam und sah, was passiert war, wurde er so wütend, dass er auf das andere, gesunde Bein einschlug und dieses auch brach.

Schüler des Buddhismus sollten Folgendes beachten: Die Anhänger des Mahayana[25] schließen den Hinayana[26] aus und die Schüler des Hinayana schließen den Mahayana aus. Wenn dieses weiter so gehandhabt wird, werden die heiligen Texte beider Fahrzeuge zerstört werden.

[25] Mahayana: Das Große Fahrzeug der Lehren Buddhas
[26] Hinayana: Das Kleine Fahrzeug des Buddhismus, siehe Fußnoten 18 und 19.

KOPF UND SCHWANZ Eines Tages sprach der Schwanz einer Schlange zu dem Kopf: „Von diesem Moment an werde ich vor dir gehen." Der Kopf antwortete: „Wovon redest du? Ich gehe immer vor dir", und fuhr fort damit, sich vor ihm zu bewegen. Das machte den Schwanz sehr ärgerlich, er wickelte sich um den Stamm eines in der Nähe stehenden Baumes und verhinderte somit jede weitere Vorwärtsbewegung des Kopfes. Der Kopf zerrte mit all seiner Kraft nach vorne und der Schwanz leistete mit gleicher Kraft Widerstand. Eine Zeitlang ging es in diesem Tauziehen von Kopf und Schwanz immer vor und zurück, bis schließlich die Kräfte des Schwanzes nachließen und die Schlange vom Baum herunterfiel und in einem daneben lodernden Feuer landete. So verbrannte schließlich die gesamte Schlange und starb.

Ein Schüler, der nur geringes Verständnis besitzt, mag genauso sein. Er sagt zu seinem Lehrer: „Du bist alt und bist immer vor mir gegangen. Ich bin jung, so werde ich dich von nun an führen." Aber der Schüler ist nicht sehr erfahren und verletzt viele Gebote. Als Resultat fallen beide, der Schüler und der Lehrer, in die Hölle.

DER BART DES KÖNIGS Vor langer Zeit gab es einen König, der hatte nur einen einzigen treuen Gefolgsmann. Dieser Mann war so gewissenhaft und mutig, dass er im Kampf sein Leben riskiert hatte, um den König zu retten. Der König war ihm außerordentlich dankbar und sagte zu dem Mann: „Du kannst von mir erhalten, was du möchtest. Bitte sei so frei und wünsche dir etwas."

Der Gefolgsmann überdachte es und antwortete dann: „Ihre Majestät, mein größter Wunsch ist Folgender: Wenn Sie nach einer Rasur verlangen, möchte ich es sein, der sie ausführt." Der König war von der Antwort des Gefolgsmannes überrascht, aber er sagte: „Ein so kleiner Wunsch? Natürlich will ich dir ihn erfüllen."

Als die Leute diese Geschichte vernahmen, lachten sie, wie der Gefolgsmann nur so ein Dummkopf sein könne. Er hätte Minister werden oder sogar ein halbes Land erhalten können, er jedoch wählte als Wunsch eine ganz gewöhnliche Aufgabe.

Dummköpfe sind auch so. Für Äonen führen sie Buddhas strenge Übungen aus und als Ergebnis werden sie zu Buddhas. Einen Buddha zu treffen oder seinem Dharma zu begegnen und gleichzeitig im Besitz eines menschlichen Körpers zu sein, ist wirklich sehr selten. Es ist wie die Geschichte der blinden Schildkröte, die im grenzenlosen Ozean umher schwamm und dann dabei endete, ihren Kopf durch ein Loch in ein angeschwemmtes Stück Holz zu stecken. Es ist so gut wie unmöglich, dass diese zwei Sachen zusammen kommen und trotzdem passieren sie.

Aber Einfältige im Geiste sind schwach; sie halten sich an die niedrigeren Lehren und sind damit zufrieden, niemals noch weiter zu suchen. Als Ergebnis daraus entwickelt sich ihr Geist nicht und sie begehen falsche und törichte Handlungen. Sie ziehen noch nicht einmal die Übung des großartigen und unvorstellbaren Dharma in Betracht und folglich bleibt er außerhalb ihrer Reichweite.

DIE BITTE UM NICHTS Vor langer Zeit waren einmal zwei Reisende auf der Landstraße unterwegs. Sie begegneten einem Mann, der versuchte, einen mit Sesamkörnern vollgeladenen Karren einen steilen Berg hochzuschieben. Aber dem armen Mann gelang es nicht, den Karren auch nur einen Zentimeter von der Stelle zu bewegen. Als er die zwei Reisenden sah, rief er ihnen zu: „Hilfe! Bitte helft mir, diesen Karren hier den Berg hinaufzuschieben." Aber bevor die zwei Reisenden auch nur den kleinen Finger krümmten, fragten sie: „Was gibst du uns, wenn wir dir helfen?" Der Mann mit dem Karren antwortete: „Ich werde euch nichts geben."

So machten sich die Männer an die Arbeit, beugten ihre Schultern unter der Last und halfen ihm, den Karren bis zur Bergspitze zu schieben, wo er dann auf ebenem Boden stehen konnte. Nachdem die beiden wieder zu Atem gekommen waren, sagten sie: „Nun gib uns, was uns zusteht." Der Mann antwortete: „Ich habe euch nichts versprochen, und genau das ist es, was ich euch auch geben werde."

Dies hörend sagte einer der beiden Reisenden: „Nun komm schon, gib uns endlich unser Nichts."

Der andere Reisende schmunzelte seinen Kameraden an und sagte: „Er hat doch gar nicht eingewilligt, uns irgendetwas zu geben. Warum beschwerst du dich eigentlich?"

Der andere Mann bestand darauf und erwiderte: „Weil ich mein Nichts haben möchte, das ist alles. Da muss es etwas geben, das Nichts genannt wird."

Jetzt fing der andere Mann nur zu lachen an und sagte dann: „Nichts ist einfach ein Wort mit sechs Buchstaben, nicht mehr und nicht weniger.

Diejenigen mit geringerem Verständnis hängen der Idee der Leerheit an und verstehen die wahre Bedeutung der Aussage „Nichts existiert" falsch. Eine weise Person versteht, dass Leerheit die Bedeutung eines nicht eigenständigen Selbst ausdrückt, kein Suchen und kein Erreichen. Der Unterschied im Verständnis zwischen diesen beiden Arten von Leuten ist in der Tat riesig.

DIE SPUCKE DES REICHEN MANNES Vor Jahren gab es einen sehr reichen Mann, dem viele Schätze gehörten. Alle Leute um ihn herum wollten seine Gunst erlangen und ehrten ihn bei jeder nur möglichen Gelegenheit. Der Reiche konnte noch nicht einmal ausspucken, ohne dass jemand eilends zur Stelle war und die Spucke am Boden vertritt. Aber es gab auch einen Einfaltspinsel, der dazu niemals eine Chance gehabt hatte.

Als der Einfaltspinsel über dieses Problem nachdachte, kam ihm plötzlich folgende Idee: „Wenn die Spucke dieses Reichen auf den Boden kommt, ist da immer schon jemand, der sie vertritt, bevor ich es machen kann, das ist sicher. Von jetzt an werde ich ein wachsames Auge haben und die Spucke schon vertreten, wenn er gerade vorhat, zu spucken. Was könnte ihm mehr Gefallen bereiten als das?"

Und tatsächlich, als der reiche Mann am nächsten Tag gerade anhob zu spucken, stürzte der Einfaltspinsel auf ihn zu und trat ihm in den Mund, riss seine Lippen auf und brach ihm die Zähne. Der Mann fiel zu Boden und schrie den Dummkopf an: „Bist du verrückt? Warum trittst du mich in den Mund?"

Der Dummkopf antwortete: „Ich konnte deine Gunst nicht erlangen, Herr. Immer wenn die Spucke aus deinem Mund kommt und auf den Boden fällt, wird sie von einem

140

dieser Schöntuer auf dem Boden vertreten, bevor ich überhaupt mein Bein heben kann. Deshalb habe ich darauf getreten, noch bevor sie heraus kam. Nun, da du den Grund kennst, hoffe ich, dass es dich erfreut!"

Sicherlich ist dies ein ganz großer Dummkopf, der nicht weiß, dass es immer die richtige Zeit für etwas gibt. Wenn jemand gute Resultate erzwingen möchte, bevor die Zeit dafür reif ist, wird er nur Schwierigkeiten und Qualen ernten. Aus diesem Grunde sollten die Leute genau wissen, wann es Zeit für etwas ist und wann nicht.

GERECHTES TEILEN Vor langer Zeit im Reich von Malla wurde ein Adliger ernsthaft krank und spürte, dass er sterben werde. Er rief seine zwei Söhne zu sich und bat sie um ihr Versprechen, nach seinem Tod all seinen Besitz gleichmäßig unter sich aufzuteilen. Die Söhne versprachen ihm, genauso zu verfahren und teilten nach seinem Tod gemäß seinem Willen den Besitz in zwei Teile. Als aber der ältere Bruder alle Sachen überschaute, stellte er fest: „Mein Anteil ist nicht so groß, wie der meines Bruders."

Dies wurde in Anwesenheit eines einfältigen alten Mannes gesprochen, worauf dieser sich zu Wort meldete: „Lasst mich euch zeigen, wie der Besitz aufgeteilt wird, dann könnt ihr sicher sein, dass jeder den gleichen Anteil erhält. Brecht alles, was ihr habt, in zwei Teile: nehmt die Kleidung und reißt sie mittendurch, brecht alle Teller und Krüge in Hälften und macht dasselbe mit Schalen und Fässern. Dann holt alle die Münzen, sammelt sie auf einem Haufen und brecht sie auch in Hälften."

Überraschenderweise machten die zwei Brüder ganz genau, was ihnen der alte Mann empfohlen hatte. Sie brachen alles, was ihnen gehörte in gleiche Teile und zerstörten damit all ihr Hab und Gut. Jeder, der von dieser Geschichte erfuhr, musste wirklich herzlich lachen.

Diese Einfaltspinsel sind genau wie Leute außerhalb des Weges, die zwar die Kommentare studieren, aber letztendlich von ihnen verwirrt werden. Zum Beispiel gibt es in den Kommentaren vier Arten von Aussagen.

Zuerst gibt es eine Erklärung durch eine ganz klar umrissene Behauptung. Zum Beispiel: „Alle Menschen werden sterben." Dann folgt eine Erklärung mittels logischer Begründung wie: „Wenn es Tod gibt, gibt es auch Geburt.", oder, „Wenn es kein Anhaften gibt, gibt es keine Geburt; wenn es Anhaftung gibt, dann gibt es auch Geburt."

Weiterhin gibt es eine Erklärung durch Gegenfragen. Wenn dich jemand fragt, ob menschliche Wesen das Großartigste sind oder nicht, solltest du antworten: „Möchtest du etwas über die drei unheilvollen Bereiche erfahren oder über den Bereich der Götter?" Wenn sich die Frage auf die drei unheilvollen Bereiche bezieht, solltest du antworten, dass Menschen die großartigsten Wesen sind. Wenn sie sich allerdings auf den Bereich der Götter bezieht, dann sage nicht, dass die menschlichen Wesen die Ausgezeichnetsten sind.

Schließlich, wenn jemand etwas über die vierzehn schwierigen Fragen erfahren möchte, antworte: „Die Frage ist, ob die Welt und die fühlenden Wesen endlich oder unendlich sind, ob sie einen Anfang und eine Ende haben oder auch nicht, und so weiter." Solch eine Antwort nennt man Erklärung durch Benennung.
Die Leute außerhalb des Weges sind dumm und unwissend, aber sie denken von sich selbst, dass sie weise wären. Genau wie diese Dummköpfe, die ihre Münzen entzwei brachen, um sie gerecht untereinander aufzuteilen, lösen sie die vier Arten der Begründungen auf und vermischen sie zu einer.

DER LADEN DES TÖPFERS Eines Tages kamen zwei gute Freunde an einem Töpfer-Laden vorbei und schauten hinein. Sie sahen den Töpfer emsig an seiner Töpferscheibe arbeiten und einen Krug und Topf nach dem anderen anfertigen. Den beiden Freunden gefiel dies und sie setzten sich nieder, um dem Töpfer bei seiner Arbeit zuzuschauen. Es verging eine lange Zeit, aber die beiden wurden nicht müde, den Töpfer an seiner Drehscheibe zu beobachten.

Endlich sagte einer der beiden Lebwohl zu seinem Freund und ging zu einer großen Versammlung, wo ihm ein erstaunliches Festmahl serviert wurde und er Kleidung aus seltenem und erlesenem Material erhielt. Der andere Mann blieb bei dem Töpfer, schaute ihm weiterhin zu und sprach zu sich: „Ich werde hier blieben und ihm zusehen, bis dieser ausgezeichnete Töpfer ganz mit seiner Arbeit fertig ist."

Und genau so machte er es dann. Selbst als die Sonne schon untergegangen war, schaute er dem Töpfer weiter zu und verpasste so das Festessen und die Gelegenheit, solche wertvollen Kleider zu erhalten.

Wie können wir das Verhalten des Mannes
beschreiben, außer zu sagen:

Heute macht er dieses
Und Morgen macht er jenes,
Während Buddhas und große Drachen erscheinen
Und mit ihren donnernden Stimmen die Welt erfüllen.
Obwohl der Dharma-Regen ohne Hindernis niederfällt,
Haftet er immer noch an Dingen an und versteht nicht.
Nichtwissend, dass der Tod plötzlich eintritt,
Verpasst er die Versammlung der Buddhas.
Er erlangt nicht den seltenen Dharma-Schatz,
Sondern verbleibt auf ewig in den unheilvollen
Bereichen.
Dem Dharma den Rücken zuwendend,
Beobachtet er den Töpfer und bleibt daran haften,
Bis er schließlich gänzlich darin vertieft ist.
Deshalb verpasst er die Gunst des Dharma
Und erlangt niemals Befreiung.

DIE GOLDENE SPIEGELUNG Vor langer Zeit stand ein Einfaltspinsel am Rande eines Teiches, als er die Spiegelung einer goldenen Statue im Wasser sah. Er schrie in großer Aufregung auf, tauchte in das Wasser ein und hoffte, die Statue zu bergen. Aber alles wozu diese wilde Suche führte, war lediglich das Aufwühlen des Schlammes vom Boden des Teiches. Wieder und wieder tauchte er an der Stelle, wo er dachte, dass er das Gold gesehen hätte, aber er wurde davon nur erschöpft und musste mit leeren Händen aus dem Teich heraussteigen.

Während er so dasaß und den Teich betrachtete, beruhigte sich das Wasser und wurde wieder ganz klar. Der Tor sah die goldene Farbe im Wasser schimmern und so tauchte er ohne zu Zögern erneut ein. Aber wieder konnte er lediglich den Schlamm vom Boden des Wassers aufrühren.

Ungefähr zu dieser Zeit kam der Vater des Mannes und schaute nach ihm. Er fand seinen Sohn vor Erschöpfung keuchend am Rande des Teiches und fragte ihn: „Warum bist du so müde?" Sein Sohn erwiderte: „Ich sah etwas Gold am Grunde des Teiches, so sprang ich hinein und tauchte durch den Schlamm in der Hoffnung, es zu bekommen. Aber so viel ich mich auch abmühte, ich war nicht fähig, das Gold zu bekommen."

Sein Vater schaute in den Teich, in dem sich wieder einmal das Wasser beruhigt hatte. Als er hineinstarrte, sah er den Goldschimmer im Wasser, aber er verstand sofort, dass das Gold sich in der Spiegelung eines neben dem Teich wachsenden Baumes befand. Er schaute zum Baum auf und tatsächlich erspähte er das Gold. Also sagte er zu seinem Sohn: „Schau! Ein vorbeifliegender Vogel muss dieses Gold in seinem Schnabel gehabt und es irgendwie auf diesen Baum gebracht haben." Als der Sohn das Gold ausfindig gemacht hatte, kletterte er auf den Baum und holte es herunter.

Unwissende Dummköpfe
Formen fälschlicherweise ein Konzept des Selbst
Aus den Skandhas des Nicht-Selbst.
Wie derjenige, der die Spiegelung des Goldes sah
Und sich sehr anstrengte, um es zu bekommen,
Werden sie unnütz ermüden und mit leeren Händen
enden.

DER SCHÜLER DES MAHABRAHMANEN Alle Brahmanen sagen, dass Mahabrahman, der Schöpfer, der Vater aller Welten ist, imstande alle Dinge zu erschaffen. Eines Tages hatte der Schöpfer jedoch einen Schüler, der meinte, die gleichen Kräfte zu haben wie der Schöpfer. In Wahrheit war er nur ein Dummkopf, der von sich glaubte, er wäre weise. Eines Tages ging er zu Mahabrahman und sagte: „Ich möchte alle Dinge erschaffen." Der Mahabrahman erwiderte: „Lass so einen Gedanken nicht aufkommen, denn du bist dazu nicht fähig." Aber der Schüler ignorierte Mahabrahmans Rat, blieb bei seinem Wunsch, Dinge zu erschaffen und schickte sich an, damit ohne Verzögerung zu beginnen.

Nachdem der Schüler seine Schöpfung vervollständigt hatte, sah Mahabrahman, was er gemacht hatte und sagte: „Schau dir dies an! Du hast den Kopf zu groß und den Nacken zu klein gemacht; die Hände sind zu groß und die Arme zu klein; die Beine zu kurz und die Fersen zu groß. Diese Schöpfung von dir ist nichts anderes als ein Dämon."

Wir sollten aus diesem Beispiel lernen, dass jede Person das Ergebnis ihres eigenen Karmas ist[27], kein Schöpfer. Die Buddhas lehren uns, nicht den zwei extremen Ansichten anzuhängen: dem Nihilismus, also dem Glauben, dass es nichts gibt und andererseits der Beständigkeit, der Glaube, alles bestehe ewig. Diese sollten gemäß den Lehren des Achtfachen Pfades[28] verstanden werden. Aber die Leute betrachten das, von dem sie denken, es wäre Nihilismus, oder es wäre von ewiger Beständigkeit, als ob es eine unumstößliche Wahrheit wäre. Dann machen sie sich daran, andere mit ihrer Einschätzung der Wahrheit zu täuschen. Tatsächlich ist das, was sie lehren, ganz und gar nicht die Wahrheit. Schau genau hin und du wirst feststellen, dass es so ist.

---

[27] Karma: Eigene Handlungen oder die Summe und die Konsequenzen eigener Handlungen während aufeinander folgender Phasen im Daseinskreislauf; betrachtet als Ursachen oder Bestimmung für künftige Leben.

[28] Achtfache Pfad: 1) rechtes Verständnis, 2) rechte Ansichten, 3) rechte Rede, 4) rechte Handlung, 5) rechter Lebenserwerb, 6) rechtes Bemühen, 7) rechte Achtsamkeit, 8) rechte Konzentration.

EIN KRANKER MANN In weit zurückliegender Vergangenheit wurde ein kranker Mann von einem Arzt, der bekannt für sein gutes Fachwissen war, besucht. Nach der Untersuchung sagte der Arzt zu ihm: „Versuche so viel Fasanenfleisch zu essen, wie dir nur möglich ist. Wenn du dies jeden Tag machst, wirst du wieder genesen." So erhob sich der Mann von seinem Krankenlager, ging zum Marktplatz und kaufte einen Fasan. Er nahm ihn mit nach Hause, bereitete in zu und aß den ganzen Vogel auf. Aber er ignorierte, was der Arzt ihm geraten hatte, denn er machte dies nur ein einziges Mal.

Einige Zeit später, als der Arzt zur Kontrolluntersuchung kam, fragte er: „Bist du schon von deiner Krankheit genesen?" Der dumme Mann antwortete: „Doktor, du hattest mir gesagt, jeden Tag Fasanenfleisch zu essen und ich habe dies, genau wie du es sagtest, genau an diesem Tag gemacht, aber es versteht sich von selbst, dass ich das niemals wiederholen würde."

Der Mediziner war erstaunt. „Warum?", fragte er. „Wenn du einen gegessen hast, warum hast du keinen weiteren gegessen? Hast du wirklich geglaubt, dass nur ein einziger Fasan dich heilen würde?"

Leute außerhalb des Weges sind so. Sie vernehmen die Buddhas und Bodhisattvas, die ultimativen Ärzte, die sie lehren, ihren Geist zu verstehen, aber sie hängen weiterhin der Beständigkeit an. Sie glauben, dass die Vergangenheit, die Gegenwart und die Zukunft ein unveränderliches Bewusstsein wäre – gerade wie der kranke Mann, der dachte, er würde von einem Fasan geheilt werden. Daher können sie nicht von ihrer Beschränktheit und ihren Leidenschaften geheilt werden.

In der Hoffnung den fühlenden Wesen zu helfen, alle Dinge zu verstehen, lehren die Buddhas der großen Weisheit, dass es nicht ein einziges, beständiges und unveränderliches Bewusstsein gibt; es ist gerade das Gegenteil davon: alle Dinge gehen wegen der Unbeständigkeit zugrunde. Mit dieser Wahrheit heilt Buddha die Krankheit des Glaubens an Beständigkeit, aber nur für diejenigen, die wirklich zuhören und verstehen. So ist es.

DAS DÄMONEN-KOSTÜM Im Reich von Gandhara gab es eine Theatergruppe, die im ganzen Land bekannt war. In einem Jahr kam es zu einer Hungersnot und die Truppe war gezwungen, sich auf die Straße zu begeben, um nach Nahrung zu suchen. Ihre Reisen brachten sie weit bis in ein Nachbarland. Als dort am ersten Tag die Dunkelheit anbrach, waren sie am Berg Bala, dem nachgesagt wird, dass viele fleischessende Dämonen dort ihre Heimstätte hätten. Trotz alledem entschloss sich die Truppe nicht weiterzugehen, sondern dicht zusammen zu rücken und die Nacht auf dem Berg zu bleiben. Sie machten ein Feuer, damit ihnen der kalte Wind, der durch die dunklen Bäume wehte, nichts anhaben möge und legten sich dann zum Schlafen nieder.

Unter den Schauspielern befand sich ein Mann, der Schwierigkeiten mit dem Einschlafen hatte, da er an einer Erkältung litt. Nachdem alle anderen eingeschlafen waren, stand er auf, zog sich eins der Kostüme an, um sich zu wärmen und setzt sich danach ans Feuer. Er hatte das Kostüm eines Dämons ausgesucht. Als einer der anderen erwachte, sah er den Mann im Dämonen-Kostüm, und ohne genauer hinzuschauen, fing er an zu schreien und rannte weg. Nun erwachten die anderen erschreckt und als sie den Mann, der wie ein Dämon ausschaute, am Feuer sahen, rannten auch sie in die Nacht hinaus. Der

Mann im Kostüm dachte, auch er wäre in Gefahr und folgte ihnen, rannte so schnell er nur konnte und winkte mit den Armen. Dies vergrößerte die Angst der anderen und so rannten sie die ganze Nacht hindurch, überquerten Berge und Flüsse, fielen in Gräben, kamen zu Schaden und holten sich blaue Flecken, und wurden gründlich erschöpft.

Schließlich, bei Tagesanbruch sahen die anderen Schauspieler, dass dieser Dämon nur einer ihrer Freunde in einem Kostüm war und beendeten diese Albernheit mit einem großen Seufzer der Erleichterung.

Viele Leute sind so. Ihren Leidenschaften verfallen, hungern sie nach guten Lehren und wünschen aufrichtig die Nahrung des Dharma und die Glückseligkeit des Nirvana. Aber sie erkennen fälschlicherweise ein Selbst in den fünf Skandas und halten es für Wirklichkeit. Wegen dieser Vorstellung eines eigenständigen Selbst laufen sie wieder und wieder durch Geburt und Tod, beherrscht und getrieben von ihren Leidenschaften. Sie können sich nicht von ihnen befreien und enden im Graben der drei unheilvollen Bereiche, während sie großes Unglück in diesem Ablauf erleiden. Wenn die Weisheit schließlich aufscheint, ist es wie das Herannahen des Tagesanbruches, die Beendigung der langen Nacht von Geburt und Tod. Jetzt realisieren sie, dass sich in den fünf Skandas kein eigenständiges Selbst befindet.

153

DER DÄMON IM HAUS Vor langer Zeit gab es einmal ein verlassenes Haus, in dem ein Dämon hausen sollte. Jeder war so beängstigt über den Dämon, dass sich tagsüber niemand dem Haus näherte und sich auch niemand getraute, über Nacht darin zu bleiben. Aber es gab einen Mann, der seinen Mut unter Beweis stellen wollte, und er sprach zu sich: „Ich werde in das Haus gehen und die gesamte Nacht dort verbringen." Genau dies machte er.

Und es gab noch einen weiteren Mann, der von sich selbst noch mehr überzeugt war als der erste. Er hatte auch etwas von dem Dämon im Haus vernommen und wollte seinen Mut beweisen, indem er das Haus betrat. Natürlich wusste er nichts von dem ersten, der es sich im Haus zum Schlafen bereit gelegt hatte.

Der zweite versuchte nun die Türe zu öffnen, während der erste dachte, der Dämon käme heim. Und er stemmte seinen ganzen Körper gegen die Tür, um ihn daran zu hindern. Sobald der Mann draußen den Widerstand spürte, war er davon überzeugt, dass sich der Dämon im Haus aufhalten müsse und drückte so fest er nur konnte die Tür zu. Die zwei Männer rangen bis zum Tagesgrauen miteinander. Als sie sich dann schließlich klar im Tageslicht sahen, erkannten sie, dass keiner von beiden der Dämon war, gegen den sie sich so angestrengt gewehrt hatten.

Viele Leute auf der Welt sind genauso. Bedingungen und Vorstellungen lassen zeitweilig Ursachen und Wirkungen entstehen, bis sich die Überzeugung eines beständigen Selbst einstellt. Wenn du genauer auf Ursache und Wirkung schaust, wirst du entdecken, dass es kein beständiges Selbst gibt, welches andauert. Unglücklicherweise nehmen fühlende Wesen fälschlicherweise an, es gäbe ein Selbst, das richtig ist, und ein Selbst, das falsch ist, und kämpfen aufgrund dieser Vorstellung miteinander genau wie diese beiden Männer. Zwischen ihnen gibt es nicht den geringsten Unterschied.

FÜNFHUNDERT SÜSSE KUCHEN Einstmals gab es eine Frau, die von großer Sinneslust besessen war. Als wäre dies nicht schon genug, hatte sie dazu auch noch großen Hass auf ihren Mann. Sie schmiedete schon des Öfteren Pläne, um ihren ahnungslosen Mann zu töten, aber keiner verlief erfolgreich. Eines Tages kehrte ihr Mann nach Hause zurück und teilte ihr mit, dass er als Gesandter des Königs in das Nachbarland reisen müsse. Als seine Frau dies vernahm, fiel ihr sogleich eine neue List ein. Sie backte einige giftige Kuchen und sprach zu ihrem Ehemann: „Liebling, du hast so eine lange Reise vor dir liegen, daher habe ich für deinen Wegverzehr fünfhundert süße Kuchen gebacken. Wenn du dieses fremde Land bereist, esse sie und stille damit deinen Hunger."

Ihr Ehemann vertraute darauf, dass sie ehrlich sei, und machte sich auf seine Reise. Nach langen Tagen des Reisens kam er schließlich an die Grenze zum Nachbarland. Obwohl er bereits eine beachtliche Distanz zurückgelegt hatte, hatte er doch nicht einen einzigen Bissen von den vergifteten Kuchen gegessen. Eines Nachts, als es ungewöhnlich dunkel war, beschloss er, im Wald zu übernachten. Da er sich aber vor den Angriffen wilder Tiere ängstigte, kletterte er zum Schlafen hoch in die Äste eines Baumes, vergaß seinen Proviant und ließ die süßen Kuchen am Fuße des Baumes zurück.

Genau in dieser Nacht waren fünfhundert Diebe, die gerade einen beträchtlichen Schatz und fünfhundert Pferde des Königs gestohlen hatten, auf der Flucht. Rein zufällig flohen sie in der gleichen Richtung wie der Bote und entschieden sich, die Nacht unter genau dem gleichen Baum zu verbringen. Sie waren von ihrem Davonrennen sehr erschöpft und hatten schrecklichen Hunger und Durst. Als sie die süßen Kuchen unter dem Baum liegen sahen, aßen sie, ohne auch nur im Geringsten zu zögern, jeder von ihnen einen auf. Da das darin enthaltene Gift sehr stark war, starben sie alle auf der Stelle.

Bei Tagesanbruch kletterte der Abgesandte vom Baum herunter und sah die toten Diebe überall herumliegen. Er zog sein Schwert, zerstückelte ihre Körper und schoss Pfeile in sie, um andere Leute zu täuschen. Dann nahm er ihre Sättel, Pferde und Schätze an sich und setzte seine Reise zum Königspalast fort.

Währenddessen hatten der König und seine Gefolgsleute bereits die Verfolgung der Diebe aufgenommen und folgten ihren Fußspuren. Als sie dem Gesandten begegneten, fragte der König: „Wer bist du? Woher hast du all diese Pferde?" Der Bote nannte ihm seinen Namen und erklärte, dass er aus seinem Land anreiste, um dem König als Botschafter zu dienen, als er einigen Dieben begegnet sei. „Als ich merkte, was sie verbrochen hatten", erzählte er dem König, „brachte ich jeden einzelnen von ihnen um und rettete die Pferde und Schätze Ihrer Majestät. Ich bringe sie nun geradewegs zu Euch."

Dem Gesandten fiel auf, dass dem König alles ein wenig dubios erschien und fügte noch hinzu: „Ihre Majestät, wenn Sie mir keinen Glauben schenken, bitte, dann senden Sie jemand zu dem beschriebenen Platz und Sie werden fünfhundert Diebe finden, die tot unter dem Baum liegen, genau wie ich sagte."

Unverzüglich sandte der König zur Überprüfung einige seiner zuverlässigen Männer aus. Es stellte sich alles als richtig heraus. Der König war entzückt und hielt den Gesandten in höchsten Ehren. Als sie ins Königreich zurückkehrten, ehrte er den Gesandten mit einem noblen Rang, füllte seine Truhen mit seltenen Schätzen und ernannte ihn zum Ehrenbürger der Stadt.

Die Gefolgsleute des Königs missgönnten ihm dies und sprachen zum König: „Er ist ein Fremder, Eure Majestät, und ihm sollte nicht vertraut werden. Warum bewilligt Ihr ihm solche Gunst, solchen Rang und Belohnung, stellt ihn sogar höher als diejenigen, die Euch loyal und treu viele Jahre gedient haben?" Als der Gesandte diese Worte hörte, sagte er: „Wenn es unter euch einen mit ausreichender Courage gibt, fordere ich ihn zum Zweikampf auf dem Feld heraus." Die früheren Gefolgsmänner brachte dies aus der Fassung und sie wagten nicht, die Herausforderung zum Kampf anzunehmen.

Einige Zeit später gab es im wilden Heideland dieses Königreiches einen Löwen, der so grimmig war, dass er die Straße versperrte und jeden, der versuchte vorbeizugehen, umbrachte. Die Gefolgsleute diskutierten die Angelegenheit unter sich und kamen zu folgendem Schluss: „Der Fremde sagt von sich, er wäre mutig und keiner käme ihm gleich. Warum sollten wir ihn nicht auf die Probe stellen? Wenn er es fertigbringt, diesen Löwen zu töten und das Land von Gefahr befreit ist, wäre es in der Tat rühmenswert." Mit dieser Bitte wandten sie sich an den König.

Der König war damit einverstanden, dass der Gesandte den Löwen töten sollte und stattete ihn mit einem dafür ausgewählten Schwert aus. Weil er das Vertrauen des Königs besaß, steigerte sich der Mut des Gesandten und er ging schnurstracks zur Höhle des Löwen. Als der Löwe ihn näherkommen sah, wurde er wütend, sprang vorwärts und stieß ein schreckliches Gebrüll aus. Der Gesandte rannte um sein Leben und sprang in die Äste eines nahestehenden Baumes. Der Löwe folgte ihm dicht auf den Fersen und als er ihn im Baum hängen sah, attackierte er bösartig den Baum. Er schaute zum Mann hinauf und öffnete sein Maul weit, um immer wieder zu brüllen. Der arme Mann war so in Panik, dass er genau in dem Moment sein Schwert fallen ließ, als der Löwe ein gewaltiges Gebrüll ausstieß. Das Schwert fiel in den Löwenrachen und töte ihn auf der Stelle. Der Bote war außerordentlich erleichtert, kehrte nun sofort zum König zurück und versicherte ihm, dass der Löwe tot war.

Von diesem Tag an erwies der König ihm erst recht noch mehr Vergünstigungen. Normale Leute und Adlige gleich welchen Ranges respektierten und bewunderten den couragierten Mann.

Leute, die darauf hoffen, den Dharma-Schatz zu stehlen und solche, die vor Angst schwach sind, sind wirklich Dummköpfe. Wenn du danach strebst, die Leidenschaft der fünf Sinnesverlangen zu durchtrennen, solltest du dies wohl beachten. Selbst wenn du mit unlauteren Absichten beginnst, wird dich ein uneigennütziges Herz zu einem Lehrer mit großen Fähigkeiten bringen und du wirst die Wohltat der Nichtanhaftung erlangen. Dies ist umso richtiger für diejenigen, die einen gesunden Geist aufrechterhalten und denen das Geben eine Freude bereitet. Werde nicht irregeführt durch das Gift des unreinen Gebens, durch Eifersucht oder durch Dummköpfe, die danach streben, deine Reise aufzuhalten. Praktiziere unablässig, mit gleichmäßigem Bemühen und du wirst im Feld der Freude leben. Nichts wird dich an der Erreichung deines Zieles hindern. Genauso ist es.

BAND VIER

DIE REISE Vor langer Zeit gab es einmal einen sehr dummen Millionärssohn. Als einige Händler seinen Vater besuchten und über eine geplante Seereise zur Suche nach Schätzen berichteten, konnte er nicht an sich halten: „Ich weiß alles übers Segeln", sagte er. „Wenn man auf See ist, das Wasser zu strudeln anfängt und die Strömung immer mehr zunimmt, braucht man nur ein paar geschickte Manöver auszuführen und ist wieder auf seinem Kurs." Die Händler waren von dem sachkundigen jungen Mann so beeindruckt, dass sie ihn ermunterten, mehr zu erzählen. Gerne sprach dieser weiter und weiter und prahlte, dass er alle Geheimnisse für eine sichere Ozeanreise kennen würde.

Er sprach mit so viel Zuversicht, dass ihm die Kaufleute restlos vertrauten und ihn baten, mit ihnen gemeinsam das Abenteuer zu wagen. Sobald sie unterwegs waren, wurde der Kapitän jedoch ganz plötzlich krank und starb. An Bord war außer dem Millionärssohn niemand, der das Steuer übernehmen konnte. Nach einer Weile ruhigen Segelns wurde das Boot von einer starken Strömung erfasst, die durch einen gewaltigen Wasserwirbel verursacht wurde. „Das ist überhaupt kein Problem", sagte der Millionärssohn, „macht gerade, was ich euch sage." Die Händler waren glücklich, seinen Anweisungen zu folgen. Aber als sie sie ausführten, schlingerte das Boot immer wieder im Kreis herum und konnte überhaupt keine Fahrt aufnehmen. Schließlich wurde alles noch viel schlimmer, so dass das Boot kenterte und sank, und all die Händler, die an Bord gewesen waren, ertranken.

Leute mit nur teilweisem Verständnis sind ebenso. Sie versuchen sich in verschiedenen Meditationsmethoden und fangen an, über Unreinheit zu kontemplieren, und noch vieles mehr. Sie tragen Gelesenes vor, als wäre es ihre eigene Erkenntnis und sie geben vor, sie hätten große Übersicht über verschiedene Praktiken. In Wahrheit sind solche Leute einfach nur verwirrt. Sie lehren andere, auf so planlose Art und Weise zu meditieren, dass ihre Verwirrtheit sich auf alle überträgt, die sie hören. Als Ergebnis verkehren sie den Weg des Lehrens in sein Gegenteil, weder sie noch diejenigen, die sie lehrten, erzielen irgendeinen Erfolg. Sie sind genau wie der Dummkopf, wegen dem die Händler im Meer ertranken.

DIE REISKUCHEN Viele Jahre ist es her, da gab es einmal ein verheiratetes Paar, denen drei Reiskuchen gehörten. Sie setzten sich zusammen, um sie zu essen. Jeder nahm einen Reiskuchen auf seinen Teller. Als der dritte Reiskuchen nun auf dem Tisch übrig blieb, überlegten sie, was sie mit ihm machen könnten. Sie einigten sich darauf, dass derjenige, der zuerst sprechen würde, ihn nicht erhalten würde.

Nicht lange nach ihrer Absprache brach ein Dieb in ihr Haus ein und begann, alle ihre Besitztümer zusammenzuraffen. Obwohl sie beide den Einbrecher sahen, schrie wegen ihrer Übereinkunft keiner, um ihn aufzuhalten. Als der Einbrecher merkte, dass sie keinen Laut von sich gaben, fing er an, die Ehefrau vor den Augen ihres Mannes zu attackieren. Die Frau wehrte sich und brüllte den Dieb an, der daraufhin floh und alle wertvollen Gegenstände mit sich nahm.

Dann schrie die Frau ihren Ehemann an: „Wie dumm du doch bist! Du hast nur um des einen Reiskuchen willens dem Einbrecher keinen Einhalt geboten!" Aber der Mann klatschte in die Hände und sagte lachend: „Ah, Frau! Ich bekomme den Reiskuchen und werde dir nicht einen einzigen Krümel davon abgeben." Alle, die diese Geschichte hörten, schüttelten ihren Kopf und lachten. Sie konnten kaum ihren Ohren trauen.

Genau dieses geschieht ganz oft unter Menschen. Um ein wenig Ruhmes- oder Vorteilswillen, halten die Leute hinterlistig täuschend ihren Mund. Obwohl sie von falschen Leidenschaften überfallen und beraubt werden und durch den Verlust ihrer guten Lehren in den unheilsamen Bereich fallen, trotz allem sind sie nicht ausreichend besorgt und suchen nicht den Weg der Hauslosen. Sie werden von den fünf Sinnesverlangen verzehrt und haften den Genüssen an, welche alles noch schlimmer machen.

Obwohl sie leiden und sogar noch eine Menge Leid über andere bringen, sehen sie es nicht ein. Es gibt keinen Unterschied zwischen ihnen und dem dummen Ehemann, der den Räuber nicht in die Flucht schrie. Keiner kann es leugnen, dass es so ist.

EIN GROLLENDER MANN Einstmals wurde ein Mann ganz von dem Ärger über einen anderen Mann aufgezehrt. Tag und Nacht war er durch seine Wut, die ihn fortwährend unzufrieden sein ließ, in Wallung. Eines Tages bekam er Besuch von einem Freund. Als dieser seinen Zustand sah, fragte er ihn: „Warum bist du die ganze Zeit so genervt? Warum bist du so dünn geworden?"

Der Mann erwiderte: „In diesem Dorf gibt es jemand, der schlecht von mir gesprochen hat, und ich konnte es ihm bis heute noch nicht heimzahlen. Ich möchte es ihm zurückzahlen, dass er mich so verletzt hat und es macht mich ganz verrückt, darüber nachzudenken, wie ich es anstellen könne."

Sein Freund überdachte die Angelegenheit und sagte dann: „Nur der Fluch eines Dämonen kann diesen Menschen töten. Ich kann ihn dir beibringen, aber bevor ich es mache, muss ich dich auf einen Nachteil aufmerksam machen: bevor du ihn umbringen kannst, musst du selbst sterben."

Als der Mann dies vernahm, war er nicht im Geringsten verunsichert, sondern im Gegenteil richtig froh darüber. „Ich bitte dich", sagte er, „bringe mir den Fluch bei. Selbst wenn ich dabei umkommen werde, wird er zumindest auch getötet werden."

Die Leute verhalten sich oft genauso. Aufgrund ihres Ärgers versuchen sie, anderen Leuten Schaden zuzufügen. Doch noch bevor sie jemand anderen verletzen können, fügt ihnen dieser Groll selbst großes Leid zu. Dann fallen sie in die Hölle, in die Welt der Tiere oder in den Bereich der hungrigen Geister. Es besteht wirklich kein Unterschied zwischen ihnen und diesem zornigen Dummkopf.

DER SCHNELLESSER Vor vielen Jahren zog ein Mann aus seinem Geburtsort in Nordindien in ein Dorf im Süden des Landes. Er lebte einige Zeit in diesem Dorf und traf irgendwann einmal eine Frau, die er sehr gern hatte. Und wie die Dinge sich so entwickeln, dauerte es nicht lange, bis die beiden verheiratet waren. Kurz nach ihrer Hochzeit fiel der Ehefrau etwas Merkwürdiges an ihrem Mann auf: bei jeder Mahlzeit schlang er das Essen im Nu hinunter, sogar wenn es sehr heiß war.

„Liebling", sagte die Frau, „es gibt hier keinen Dieb, der dir dein Essen stehlen möchte. Warum isst du nicht ein wenig langsamer? Du kannst dich an den Mahlzeiten viel mehr erfreuen. Und überhaupt, aus welchem Grunde isst du denn so schnell?"

Der Ehemann erwiderte ziemlich schroff. „Das ist mein Geheimnis", sagte er, „ich kann es dir nicht verraten."

Als die Frau die Worte ihres Ehemannes vernahm, wurde sie nur noch interessierter an dieser ungewöhnlichen Praxis und fragte ihn wiederum in freundlichstem Ton, warum er denn seine Mahlzeiten so verschlingen würde. Dies half dem Ehemann nach einer Weile ihrer behutsamen Anfrage nachzugeben und er sprach zu seiner Frau: „Meine Familie hat immer schnell gegessen, schon seit der Zeit meines Großvaters. Ich folge einfach meiner Familientradition."

So viele normale Männer und Frauen handeln auf diese Weise. Sie haben wenig Verständnis von guten grundlegenden Prinzipien und Lehren und können oftmals nicht zwischen richtig und falsch unterscheiden. Sie begehen Handlungen, die weder Sinn noch Nutzen haben, ohne darüber nachzudenken und schämen sich dessen nicht. Wenn sie darauf angesprochen werden, sagen sie: „Wir haben dies schon immer so gemacht, so lange wir uns erinnern können. Deshalb machen wir es auch jetzt genau in dieser Weise." So fahren sie ohne Veränderung fort bis zu ihrem Tod. In der Tat sind sie gerade wie jener törichte Mann, der gelernt hatte, hastig das Essen herunterzuschlingen, und ohne darüber nachzudenken, dies als eine exzellente Sache betrachtete.

MANGO-FRÜCHTE EINES REICHEN Einstmals rief ein wohlhabender Mann einen seiner Diener herbei. Als der Dienstbote eintraf, sagte sein Herr zu ihm: „Gehe zu einer Obstplantage und kaufe einige Mangos. Aber pass auf, dass du mir nur wohlschmeckende Früchte bringst." Er händigte dem Diener etwas Geld aus und schickte ihn des Weges.

Als der Diener bei der Obstplantage ankam, sagte er dem Besitzer, dass er nur die allerbesten Mangos für seinen Herrn wünsche. Der Plantagenbesitzer erwiderte: „Alle Mangos auf meinen Bäumen sind köstlich. Nicht eine einzige Frucht ist verdorben. Nur zu, probiere eine, wenn du möchtest, dann weißt du, wie gut sie sind." Der Diener sagte: „Du verstehst sicherlich, was mein Herr meinte. Es wäre besser, wenn ich jede einzelne von ihnen kosten würde, bevor ich den Kauf tätige. Wenn ich nur eine einzige probieren würde, wie könnte ich dann wissen, wie die anderen sind?"

So ging er durch die Plantage und nahm von jeder Mango einen Bissen, bis er zufrieden war, dass alle seinen Vorstellungen entsprachen und tatsächlich köstlich waren. Mit sich zufrieden packte der Diener eine große Menge Mangos ein und brachte sie heim zu seinem Herrn. Als der Hausherr feststellte, was sein Diener gemacht hatte, war er so empört, dass er nicht eine einzige Mango davon aß und alle wegwerfen ließ.

Die Leute hören, dass sie durch die Befolgung der Gebote und die Praxis des Gebens großen Reichtum erhalten werden, dass ihre Körper sich dadurch entspannen und sie keinen Schwierigkeiten in ihren Leben begegnen werden. Aber sie weigern sich, es zu glauben und denken: „Wir hören, dass die Praxis des Gebens uns gut tun wird, aber wie können wir dessen auch sicher sein? Wir werden es erst glauben, wenn wir es sehen." Obwohl sie direkt vor ihren Augen noble und geizige Leute, arme und mit Problemen beladene Leute sehen, und solche, denen es recht gut ergeht – all dies als Resultat aus früherem Karma –, verharren sie in Zweifeln und entschließen sich gute und schlechte Handlungen selbst zu versuchen, um zu sehen, was passiert. Wenn sie sterben, ist aller materielle Reichtum verloren und sie erwerben keinen Verdienst. Dies ist wie der Diener, der alle Mangos durchprobierte, so dass sie letztendlich alle vernichtet werden mussten.

DER BIGAMIST In einem weit entfernten Land lebte einmal ein Mann mit zwei Frauen. Jedes Mal, wenn er sich einer näherte, wurde die andere ärgerlich und sagte Dinge, die ihn ganz unglücklich machten. Gleichgültig, was er auch sagte oder machte, es half alles nichts. Um dieses Unglück zu vermeiden, gewöhnte er sich an, auf dem Rücken zwischen seinen beiden Frauen zu schlafen und versicherte sich, dass er seinen Körper nicht in geringster Weise zu einer von ihnen verdrehte oder beugte.

Eines Nachts, als die drei schliefen, kam ein wolkenbruchartiger Regen auf das Haus herunter, und das alte Dach wurde undicht. Wasser und Matsch tröpfelten in die Augen des Mannes. Weil er zwischen seinen zwei eifersüchtigen Frauen eingeklemmt war, war es ihm nicht möglich, seine Haltung zu ändern oder seinen Körper in irgendeiner Richtung zu bewegen. Letztendlich lag er nur einfach da und hatte am Morgen – armer Dummkopf, der er war – sein Augenlicht in beiden Augen verloren.

Viele Leute verhalten sich so. Sie verkeilen sich selbst zwischen habgierigen Freunden und verqueren Lehren. Dies erzeugt schreckliches Karma und sie leiden eine ganze Menge. Schließlich verlieren sie die Weisheit gänzlich aus den Augen und wandern endlos im Geburtenkreislauf umher. Genau wie der einfältige Ehemann, der die Fähigkeit zu sehen in beiden Augen einbüßte.

174

EIN MUND VOLL REIS Vor langer, langer Zeit stattete einmal ein Mann der Familie seiner Frau einen Besuch ab. Während er dort war, begann die Familie etwas Reis zu schälen. Der Anblick einer so großen Menge Reis machte den Mann derart an, dass er, als alle anderen den Raum verlassen hatten, sich schnell etwas davon nahm und in seinen Mund steckte, bevor jemand zurückkam.

Kurz darauf trat seine Frau ein und kam zu ihm herüber, um mit ihm zu sprechen. Als sie eine Frage stellte, weigerte er sich zu antworten, weil er seinen Mund voller Reis hatte und es ihm peinlich gewesen wäre, wenn seine Tat entdeckt werden würde. Als seine Frau bemerkte, dass er nicht antwortete, bzw. dass er sogar überhaupt nicht mit ihr sprach, war sie verwirrt und beunruhigt. Was hatte er nur? Sie fühlte mit ihren Händen seinen Mund und seine Wangen und schrie dann laut auf: „Du meine Güte!" Sie rief ihren Vater herbei und sagte: „Meinem Mann muss etwas Schreckliches passiert sein. Sein ganzer Mund ist geschwollen und er kann nicht sprechen."

Ihr Vater schickte sogleich nach einem Arzt, der ihn untersuchte und dann meinte: „Diese Krankheit ist sehr ernst. Ich muss sofort seine Wangen mit einem Messer aufschneiden. Dies ist der einzige Weg ihn zu heilen." So schnitt der Arzt die Wangen des Mannes auf. Nun fiel vor der gesamten Familie der Reis heraus und der Diebstahl war entdeckt.

Die Leute begehen viele unheilsame Handlungen und brechen häufig die reinen Gebote kein Leid zu verursachen. Aber sie verschleiern ihre Taten und verraten sie nicht, wie viel Schmerz dies auch verursachen mag. Als Ergebnis davon fallen sie in die Hölle, in die Welt der Tiere oder den Bereich der hungrigen Geister. Sie verhalten sie genau wie der Dummkopf, der zuließ, dass seine Wangen aufgeschnitten wurden und so sein Vergehen ans Licht kam – nur weil er sich dafür schämte.

DER FEIGE SOLDAT Vor langer Zeit ritt ein Mann auf einem schwarzen Pferd hinaus auf das Schlachtfeld, um den Feind anzugreifen. Obwohl er ein Soldat war und von vielen anderen Kameraden umgeben war, war er sehr verängstigt und weigerte sich zu kämpfen. Bei erstbester Gelegenheit ließ er sich von seinem Pferd fallen, färbte sein Gesicht mit dem Blut eines anderen Mannes und legte sich in der Hoffnung, er würde für tot gehalten werden, mitten zwischen die Getöteten. Sogleich bemächtigte sich ein anderer Soldat seines schwarzen Pferdes und stürzte sich mutig ins Kampfgetümmel.

Als die kämpfenden Armeen abgezogen waren, stand der Soldat auf und beschloss, den Heimweg anzutreten. Er sah ein streunerndes weißes Pferd – ohne Zweifel gehörte es zu keinem der toten Soldaten – und schnitt seinen Schwanz ab. Damit verließ er den Schlachtplatz.

Als der Soldat bei seiner Kompanie ankam, fiel einem anderen auf, dass er zu Fuß ging und er fragte ihn: „Wo ist dein Pferd? Warum reitest du es nicht?"

Der Soldat gab traurig zur Antwort: „Mein Pferd kam im Kampf um und das Einzige was mir möglich war von ihm zu retten, war sein Schwanz."

Ein Kamerad, der dies hörte, sagte: „Was erzählst du denn da? Dein Pferd war schwarz. Warum ist dieser Schwanz weiß?"

Der Soldat hielt inne und starrte den Schwanz in seiner Hand an. Darauf konnte er einfach nichts erwidern, und jeder drum herum musste herzlich lachen.

Die Leute behaupten oft, dass sie gute Taten ausüben und sich von Wein und Fleisch fernhalten, um Wohltätigkeit zu demonstrieren, wie viel sie verstanden hatten. In Wahrheit jedoch richten sie viel Schaden an und manchmal töten sie sogar andere fühlende Wesen. Ohne die geringste Rücksicht auf ihre eigenen Worte zu nehmen, bestehen sie auf ihrem tadellosen Verhalten. Solche Personen hören niemals mit ihren unheilvollen Handlungen auf. Dies verhält sich wie bei dem einfältigen Soldaten, der log, um die anderen davon zu überzeugen, dass sein Pferd im Kampf gestorben sei.

DER HINTERLISTIGE BRAHMANE Vor vielen Jahren erließ ein König ein Gesetz, das besagte, dass alle Brahmanen im Lande ihre eigenen Verlangen im Zaume halten und sich ganz der Reinigung unkeuscher Personen widmen sollten. Einige Brahmanen vertieften sich sogleich in diese Aufgabe, da sie feststellten, dass es tatsächlich großen Handlungsbedarf gab. Aber ein Brahmane füllte lediglich etwas Wasser in einen leeren Krug und sagte scherzhaft: „Hier! Nun will ich die Leute reinigen." Dann warf er den Wasserkrug hoch in die Luft.

Als er den Krug hinunterfallen sah, lachte der Mann und dachte bei sich: „Wenn ich die Leute nicht reinige, wird es der König machen. Im Grunde ist es ja sein Gesetz. Eigens ihm zuliebe werde ich dafür sorgen, dass es genug Leute gibt, die seiner Reinigung bedürfen." Aber in der Öffentlichkeit und unter Freunden beteuerte er mit großem Ernst die Notwendigkeit unkeusche Personen zu reinigen. Er jedoch versuchte es nicht ein einziges Mal.

Viele Personen, die sich in die Hauslosigkeit begeben, sind wie jener Dummkopf. Sie rasieren ihre Köpfe und tragen Mönchsroben, aber in Wirklichkeit brechen sie ein Gebot nach dem anderen. Gleichzeitig geben sie vor, die Gebote zu halten, um dadurch einige Vorteile zu haben, doch in Wirklichkeit vermeiden sie die wahre Hingabe an Buddha, dem Dharma-König. Von außen betrachtet, sehen sie wie Mönche aus, aber von innen findet sich nichts dergleichen darin.

DAS KAMEL UND DER TOPF Vor langer Zeit gab es einen Mann, der Getreide in einem großen Topf aufbewahrte. Eines Tages steckte ein Kamel seinen Kopf hinein, um das Getreide zu fressen. Als es damit fertig war, konnte es ihn nicht mehr herausziehen. Genau in diesem Moment kam der Besitzer hinzu und sah, was passiert war. Er versuchte alles Mögliche, aber nichts funktionierte, um den Kopf des Kamels aus dem Topf zu befreien.

Ein alter Mann, der gerade vorbei kam, sah das Dilemma und sagte: „Mach dir keine Sorgen. Ich kann dir sagen, wie du den Kopf des Kamels herausbekommst. Nimm dein Messer und schneide ihn ab. Dann wird es ganz einfach gehen."

Der Besitzer des Gefäßes tat wie ihm geraten. Er nahm sein Messer und trennte den Kopf des Kamels ab. Selbstverständlich tötete er dabei das Kamel und musste natürlich auch noch den Topf zerbrechen, um den Kopf dieses armen Tieres herauszubekommen. Dieser Trottel wurde von allen verlacht.

Solcherart Trottel gibt es viele. Sie verlangen nach Weisheit, suchen ernsthaft die Drei Fahrzeuge, aber anstatt die Gebote zu befolgen, um sich vor Schwierigkeiten zu schützen, verfangen sie sich in ihren Begierden und enden dabei, alle Gebote zu missachten. Weil es ihnen nicht gelingt, die Verbote zu befolgen, machen sie die Dinge noch viel schlimmer und letztendlich

lassen sie die Drei Fahrzeuge gänzlich fallen. So etwas passiert, wenn die Leute die Lehren ignorieren und ihrem eigenen Willen folgen. Sie verlieren die Gebote und die Fahrzeuge zur gleichen Zeit, genau wie jener Trottel, das Kamel und auch den Topf.

DIE PRINZESSIN UND DER BURSCHE VOM LAND Vor vielen Jahren machte ein Bursche vom Land seine erste Reise in die Hauptstadt. Während er sich dort aufhielt, konnte er einen winzigen Blick auf die Prinzessin des Königreiches werfen, als sie einmal vorbeiging. „Oh", dachte er, „sie ist wirklich wunderschön." Er lief in den Straßen der Hauptstadt umher und dachte Tag und Nacht an die Prinzessin, bis seine Gefühle für sie richtig stark wurden. Als er schließlich bemerkte, dass er an nichts anderes mehr denken konnte, entschloss er sich, einen Weg zu finden, um die Prinzessin ein einziges Mal wieder zu sehen. Was er auch probierte nichts klappte. So musste er leider feststellen, dass es dazu keine Möglichkeit gab. Dann kehrte dieser arme Bursche nach Hause zurück.

Dort wurde er ernsthaft krank und er wurde ganz bleich im Gesicht. Darüber machte sich seine Familie Sorgen und fragte: „Was macht dich so krank?" Worauf der Bursche sofort bekannte: „Als ich in der Hauptstadt war und dort die Prinzessin sah, dachte ich, ich müsse sie unbedingt wiedersehen. Aber es gab keine Möglichkeit für mich, dies fertig zu bringen. Jetzt, da ich zuhause bin, habe ich Angst, dass ich sterben muss, wenn ich sie nicht noch einmal sehe."

Seine Familie beunruhigte dies und sie versuchten, ihn zu beschwichtigen. „Mach dir keine Sorgen", sagten sie,

„wir werden eine Lösung für dich finden, die Prinzessin zu besuchen und sie noch einmal zu sehen. Vertraue uns und sei nicht mehr traurig."

Einige Tage später, als der Mann sich ein wenig erholt hatte, kam seine Familie wieder vorbei. „Wir waren in der Hauptstadt", sagten sie, „und haben versucht, einen Termin für dich bei der Prinzessin zu bekommen, aber wir fürchten, dass wir es nicht geschafft haben." Sie machten sich ernsthaft Sorgen, wie er diese Nachricht aufnehmen würde. Er aber lächelte glücklich, als er vernahm, was sie ihm sagten. „Ah!", sagte er, „Das habt ihr für mich gemacht? Bestimmt bin ich ein außergewöhnlicher Glückspilz."

Dummköpfe sind so. Ihr Verständnis ist so gering, dass sie noch nicht einmal die Jahreszeiten auseinanderhalten können. Sie säen die Samen im Winter und erwarten Früchte zu ernten, aber sie verschwenden nur ihre Samen und erreichen nichts. Sie glauben, dass ihr kleines Glück und geringes Verständnis ausreichen, um sie direkt zur Erlangung der Wahrheit zu führen. Wie könnte dies jedoch geschehen? Sie sind vom wahren Verständnis so weit entfernt, wie der Bursche vom Lande, der sich nach der wunderschönen Prinzessin verzehrte.

DIE ESELSMILCH Vor langer Zeit gab es in einem abgeschiedenen Land Leute, die noch niemals einen Esel gesehen hatten. Sie hatten von vorbeiziehenden Reisenden gehört, dass Eselsmilch etwas besonders Köstliches sei, aber niemand hatte jemals davon probiert oder wusste Genaueres. Durch Zufall kamen sie in den Besitz eines Esels, allerdings war er ein männliches Tier. Da ihn nun alle melken wollten, kämpften sie, wer ihn als Erster in die Hände bekommen sollte. Eine Person grabschte seinen Kopf, während eine andere die Ohren des Esels festhielt. Ein weiterer fasste seinen Schwanz und wieder einer hielt seine Beine fest. Schließlich war der Esel ruhiggestellt und jemand holte schnell ein Gefäß.

Als er mit einer Schüssel zurückkam und sie unter den Esel stellte, griff einer der Leute fälschlicherweise nach dem Penis des Esels, den er irrtümlich für ein Euter hielt, und zog daran, um Milch zu melken. Natürlich konnten sie probieren wie sie wollten: Es kam nichts dabei heraus; die Dummköpfe erschöpften sich nur selbst dabei. Als die Leute diese Geschichte hörten, lachten sie wirklich lange darüber.

Leute außerhalb des Weges können so ähnlich sein. Sie hören die Erklärungen von anderen, was von den Anhängern des Weges vermieden werden sollte, aber sie verstehen es vollkommen falsch und eignen sich alle möglichen verkehrten Übungen an. Sie gehen unbekleidet, verhungern fast oder werfen ihre Körper auf scharfe Felsen oder in Feuer. Als Ergebnis enden sie in den unheilvollen Bereichen. Sie sind wie jene Dummköpfe, die versuchen, einen männlichen Esel zu melken.

DAS KIND, DAS SICH ALLEIN AUF DEN WEG MACHTE

Vor vielen Jahren aßen eines Abends ein Mann und sein Sohn zusammen zu Abend. Der Vater sagte: „Morgen werde ich mit dir in das Nachbardorf gehen und dir dort etwas zeigen." Das Kind hörte dies, aber trotz seines Vaters Plan, wachte es bei Tagesanbruch auf und machte sich allein zum Nachbardorf auf den Weg. Als der Junge dort ankam, war er sehr erschöpft und wusste überhaupt nicht, was er dort machen und wonach er dort schauen sollte. Zudem hatte er fürchterlichen Hunger. Schließlich machte er kehrt und kam zu seinem Vater zurück.

Als der Vater sein Kind sah und merkte, wie es aussah, schimpfte er es unfreundlich aus: „Du bist ein frecher Junge. Warum hast du nicht auf mich gewartet, anstelle so ziellos ganz allein loszuziehen? Schau nur in welche Schwierigkeiten du dadurch geraten bist."

Leute mit wenig Verständnis des Weges sind genauso. Sie begeben sich in die Hauslosigkeit, rasieren ihre Köpfe – sie legen sogar die drei Arten der Mönchsroben an[29] – aber dann suchen sie nicht nach einem guten Lehrer, um den Dharma zu studieren. Als Ergebnis verlieren sie allen Nutzen ihrer Meditation und auch die wunderbaren Früchte des Mönchslebens. Sie sind genau wie das dumme Kind, das morgens allein wegging und gar nichts für seine Mühen erhielt. Obwohl sie wie Mönche aussehen, vollbringen sie gar nichts.

[29] Die drei Arten der Mönchsrobe: die formelle Robe, das Oberkleid und das Unterkleid.

188

DES KÖNIGS ARMLEHNE Einst gab es einen König, der den Asoka Park besuchen wollte, um sich dort zu erholen und die angenehme Umgebung zu genießen. Er rief einen seiner Gefolgsleute und sprach: „Hole eine Armlehne und bringe sie mit zum Park, so dass ich mich beim Besuch bequem darauf stützen kann." Aus irgendeinem Grund schämte sich der Höfling, die Armlehne zu holen, und sagte zum König: „Es tut mir schrecklich leid, Eure Majestät, aber ich kann sie nicht auf meinem Rücken transportieren." Als der König dies vernahm, ließ er den Höfling mit sechsunddreißig Armlehnen beladen und befahl ihm, diese zum Park zu tragen. Jeder lachte über diesen Dummkopf.

Leute mit wenig Verständnis des Weges handeln wie dieser Höfling. Sie sehen eine Strähne Frauenhaar auf dem Boden liegen und denken: „Ich werde die Gebote halten und sie nicht aufheben." Später jedoch werden sie von den eigenen Leidenschaften verwirrt und glauben nicht, dass die sechsunddreißig Bestandteile des Körpers, wie Haare, Nägel, Zähne, Exkremente und anderes eklig sind. Sie fühlen keine Scham oder Abneigung gegenüber ihren Körpern und als Ergebnis sind sie bis zu ihrem Tode nicht frei von körperlichen Leiden. Dies ist genau wie bei dem Narr, der nicht eine einzige Armlehne mitnehmen wollte und dann sechsunddreißig tragen musste.

DAS WASSER EINES KLISTIERS Vor langer Zeit gab es einmal einen Mann, dessen Unterleib so schmerzte, dass er einen Doktor aufsuchte und hoffte, von ihm geheilt zu werden. Nach eingehender Untersuchung stellte der Arzt fest: „Wenn du wieder gesund werden möchtest, dann führe eine Darmreinigung durch."

Der Mann ging nach Hause und sammelte alle Utensilien für ein Klistier zusammen, aber anstatt es nach Anordnung des Arztes zu verwenden, trank er das Klistierwasser aus. Sein Bauch schwoll derart an, dass dem Mann angst und bange wurde und er meinte, sterben zu müssen. Er sandte nach dem Arzt und bat ihn um einen Hausbesuch. Als der Doktor eintraf und den Zustand des Mannes sah, fragte er: „Was um Himmels Willen hast du denn gemacht?"

Der Mann erwiderte: „Sofort nachdem ich bei dir war, habe ich das Klistier mit dem Wasser vorbereitet und dann getrunken."

Der Arzt konnte seinen Ohren nicht trauen und schimpfte barsch: „Was bist du bloß für ein ausgemachter Dummkopf, so etwas zu tun. Kannst du wirklich so wenig verstehen?" Dann gab ihm der Arzt eine Medizin, durch die er das Klistierwasser wieder erbrach und heilte ihn von seinem Leiden.

Es gibt viele Leute, die sich so verhalten. Sie möchten meditieren, aber wenn sie über Unreinheit meditieren sollen, zählen sie ihre Atemzüge, und wenn sie ihre Atemzüge zählen sollen, kontemplieren sie über die sechs großen Elemente.[30] Daher besitzen sie keine ordentliche Grundlage und können sogar oben und unten nicht unterscheiden; sie fragen auch keinen guten Lehrer um Rat. Als Resultat verschwenden sie ihre Praxis und ihr Leben. Dies ist genau wie bei dem Tor, der das ungenießbare Klistierwasser trank.

---

[30] Die sechs großen Elemente: Erde, Wasser, Feuer, Luft, Raum und Bewusstsein.

DER BÄR UND DAS KIND Vor langer Zeit gingen ein Vater und sein Kind einmal an einem nahegelegenen Wald vorbei. Das Kind rannte weg und spielte unter den Bäumen, als es ohne Warnung ganz plötzlich von einem Bär angegriffen wurde. Er biss das Kind und zerschrammte es mit seinen Krallen. Das Kind floh vor Schmerzen weinend aus dem Wald und rannte zu seinem Vater. Als dieser das Kind sah, fragte er: „Du meine Güte, Kind, was um Himmels Willen ist dir denn passiert?"

Das Kind befand sich noch im Schock und alles was es von sich geben konnte, war: „Irgendetwas mit einem haarigen Körper griff mich an, während ich im Wald war."

Der Vater griff nach seinem Bogen und Pfeilen und rannte in den Wald in der Absicht das zu töten, was sein Kind angegriffen hatte. Im Wald traf er auf einen Zauberer mit langen Haaren und ungeschnittenen Fingernägeln. Sofort legte er einen Pfeil in den Bogen ein und gerade als er schießen wollte, wurde er von einem anderen Mann dabei gestoppt.

„Warum willst du ihn erschießen?", fragte der andere. „Er tut doch keinem etwas zuleide. Und tatsächlich ist er der Heiler, den die Leute aufsuchen, um von ihren Schmerzen Linderung zu erfahren."

Dummköpfe verhalten sich so. Sie ziehen die Mönchsroben an, aber wenn sie von jemand misshandelt werden, dann übertragen

192

sie ihren Ärger auf eine andere Person, die ihnen überhaupt nichts zuleide getan hat. Genau wie der Vater, der vorhatte, den langhaarigen Zauberer zu töten, obwohl sein Kind doch tatsächlich von einem Bär verletzt worden war.

EIN FELD BESTELLEN Ein Bursche vom Lande kam zu einer Farm, auf der er das Getreide üppig wachsen sah. Er wandte sich an den Bauern, der gerade in der Nähe arbeitete und fragte: „Was ist dein Geheimnis, dass das Getreide auf deinem Feld so gut gedeiht?"

Der Bauer antwortete: „Nun, ich habe das Land geebnet und dann nur noch Dung und Wasser zugefügt. Seitdem wächst hier alles so, wie du es siehst."

Darauf entschloss sich der Bursche, die Methode des Bauern zu übernehmen, und er eilte nach Hause, um sie in die Tat umzusetzen. Er düngte sein Feld mit Mist und Wasser, genau wie ihm gesagt worden war und begann dann mit großer Sorgfalt die Getreidekörner auszusähen. Jedoch befürchtete er, dass er während dem Säen die Erde so mit seinen Füßen festtrampeln würde, dass dadurch das Getreide später gar nicht sprießen könnte. Solcherart schwer beunruhigt, dachte er lange und angestrengt über dieses Problem nach. Schließlich hatte er eine Idee. „Ich werde mich auf einen Stuhl setzen", dachte er, „und andere Leute können mich tragen, während ich die Samen von oben aus der Luft ausstreue. Damit wären sicherlich meine Bedenken ausgeräumt."

Und genauso verfuhr er. Er heuerte vier Männer an, die ihn zu seinem Feld tragen mussten, jeder von ihnen ein Stuhlbein haltend. Dann warf er die Samen von oben aus, während die anderen ihn herumschleppten. Da aber nun der Boden von acht Füßen anstatt nur von zweien zertrampelt wurde, wurde er natürlich fester als jemals zuvor. Alle mussten herzlich lachen, als sie die Geschichte des unglaublich Einfältigen hörten.

Viele Leute sind so. Sie praktizieren im Bereich der Gebote bis kräftige Knospen erscheinen und bereit zum Blühen sind. Es ist genau die richtige Zeit einen Lehrer aufzusuchen, Unterweisungen zu erhalten und die Dharma-Blüten erblühen zu lassen. Stattdessen verkomplizieren sie ihr Leben, indem sie die Gebote mit Füßen treten und dagegen verstoßen, so dass die Dharma-Knospen verwelken. Dies ist genau wie mit dem Mann, der besorgt darüber war, sein Feld mit seinen Füßen zu zerstören, es aber dann von acht Füßen zertrampeln ließ.

DER AFFE UND DER FIESE MANN Vor langer Zeit einmal wurde ein Affe fürchterlich von einem Mann verprügelt. Er war aber unfähig, sich dafür zu rächen oder überhaupt etwas dagegen zu machen. Als der Affe nun am nächsten Morgen das Kind des Mannes sah, grollte er dem Kinde und das hielt bis zu seinem Lebensende so an.

Durchschnittsmenschen und Dummköpfe sind so. Sie ärgern sich über jemanden, aber da das Leben durch Unbeständigkeit bestimmt ist, mag diese Person letztendlich sterben. Dann übertragen sie den Ärger auf die Kinder dieser Person, weil sie glauben, dass die Kinder genauso wie die Eltern sind. Sie verharren in ihrem Ärger, so dass es sich zu einer tiefgreifenden Krankheit ausweitet und sie überhaupt nicht mehr von diesem dummen Affen zu unterscheiden sind. Er wurde von einem Mann geschlagen und übertrug ohne ersichtlichen Grund seinen Ärger auf ein unschuldiges Kind.

DIE MONDFINSTERNIS In längst vergangenen Zeiten sah der Asura[31]-König die Sonne und den Mond hell und klar am Himmel scheinen. Er erhob seine Hand und bedeckte den Mond. Dadurch verursachte er eine Verdunklung des Mondes. Als er die Mondfinsternis sah, kickte er nach einem unschuldigen Hund, der gerade vorbei lief. Er nahm an, dass der Hund die Ursache dafür war, dass der Mond vom Himmel verschwunden war.

Es ist nicht ungewöhnlich, dass Leute auf diese Art handeln. Sie quälen sich selbst und andere mit ihrer Gier, ihrem Ärger und ihrer Beschränktheit, weil sie die wahre Natur der Wirklichkeit nicht verstehen. Sie legen sich auf Dornenbetten und verbrennen ihre Körper mit den fünf Feuern[32], aber dies ist genauso beschränkt, wie der Mann, der den Hund trat und ihn für die Mondfinsternis verantwortlich machte.

[31] Asura: Ein kämpfender Geist, der in einem der sechs Bereiche verbleibt. Siehe Anmerkung 12.
[32] Fünf Feuer: Die Feuer, die an den vier Seiten eines asketischen Körpers brennen plus der Sonne.

DIE AUGEN EINER FRAU Eines Tages unterhielten sich zwei Frauen. Plötzlich klagte die eine, dass sie manchmal schreckliche Schmerzen in ihren Augen habe. Die andere Frau fragte: „Tun dir deine Augen gerade im Moment weh?"

„Ja", sagte die erste, "sie schmerzen gerade sehr."

Die andere Frau überlegte einen Moment und erwiderte dann: „Es scheint, dass du Augen hast, die dir hin und wieder Sorgen bereiten. Meine Augen schmerzen gerade nicht, aber ich denke, ich werde sie mir herausnehmen, weil ich Angst habe, dass sie mich später quälen werden."

Eine in der Nähe stehende Frau war entsetzt darüber, was sie zufällig mit anhörte. „Wenn du Augen hast", sagte sie, „dann werden sie dich manchmal schmerzen und manchmal nicht. Aber wenn du erst mal überhaupt keine Augen hast, wird dein ganzes Leben mit Problemen belastet sein. Bitte bedenke dies, bevor du etwas Voreiliges unternimmst."

Dumme Leute sind so. Sie vernehmen die Lehre, dass Reichtum Sorgen bereitet, aber sie kommen nicht auf die Idee, davon etwas abzugeben. Ihr Reichtum mehrt sich immer weiter bis zum Überfluss, und ihre Sorgen folgen im gleichen Schritt. Wenn sie Glück haben, sagt jemand zu ihnen: „Wenn du Freigiebigkeit praktizierst, wirst du weder Freude noch Schmerzen haben, aber wenn du dazu nicht bereit bist, wird dein Leben sicherlich von großen Qualen bestimmt sein." Aber wie viele Menschen hören darauf? Die meisten sind wie die Frau, die vorhatte, ihre Augen zu entfernen, und deswegen für immer gelitten hätte.

DIE GOLDENEN OHRRINGE   Vor vielen Jahren gingen einmal ein Vater und sein Kind die Straße entlang, als sie plötzlich Räuber auf sich zukommen sahen. Das Kind trug goldene Ohrringe und der Vater befürchtete, dass sie gestohlen würden. Schnell versuchte er sie dem Kind auszuziehen, aber dies gelang ihm nicht, da sie richtig gut an den Ohren festgemacht waren. Um sie vor den Räubern zu retten, zog er seinen Säbel und schnitt dem Kind den Kopf ab.

Als die Räuber sahen, dass bei dem Mann nichts zu holen war und weitergingen, setzte der Vater den Kopf wieder auf Körper, aber natürlich hielt er nun nicht mehr darauf. Noch nie haben die Leute von einem solchen Idioten gehört. Er wurde von allen verspottet.

Um des Ruhmes willen und um einen kleinen Vorteil gegenüber andern zu haben, engagieren sich diejenigen mit geringem Verständnis in nutzlosen Diskussionen über verschiedene Dinge. Sie streiten sich über die Existenz eines nächsten Lebens, ob es einen Zwischenbereich nach dem Tode gibt oder ob die verschiedenen Funktionsweisen des Geistes wirklich existieren oder nicht. Ihre Streitereien verursachen lediglich Verwirrung und sie fehlen beim Verständnis der wahren Lehren. Wenn dann jemand auftaucht, der den authentischen Weg lehrt und ihre Argumente widerlegt, verteidigen sie sich mit Redewendungen wie: „Das habe ich niemals gesagt." Wegen diesem Unsinn und ihrer Gier verlieren sie die Verdienste der Mönchsschaft und sie fallen in die drei unheilvollen Bereiche. Entsprechend dem Idioten, der seinem Kind den Kopf abtrennte, nur um ein wenig Besitz zu retten.

DAS FARBLOSE STÜCK STOFF In einem weit entfernten Land trieb sich eine Bande von Dieben, die bei ihren Einbruchstouren sehr clever vorgingen, herum. Eines Tages machten sie sich auf den Weg, Häuser auszurauben und Reisende zu bestehlen. Sie kamen mit mehr Diebesgut nach Hause als sie jemals zuvor erbeutet hatten. Sie verteilten die gestohlenen Dinge und entdeckten unter den Wertgegenständen ein farbloses Stück Stoff. „Was für ein wertloses Stück dies ist", sagte der Anführer und warf es dem schwächsten Dieb als seinen Anteil zu.

Der Mann, der das farblose Tuch erhielt, ärgerte sich darüber und schrie aus, dass es sehr unfair wäre, wenn dies sein Anteil an der Beute wäre. Aber er nahm das Tuch an sich, um wenigstens etwas zu haben. Am nächsten Tag ging dieser Dieb zum Markt, um sein Stück Stoff zu verkaufen. Als ein wohlhabender Kaufmann es sah, bot er dem Dieb einen beachtlichen Preis dafür. Natürlich verkaufte der es sofort und hatte so das Doppelte an Gewinn gegenüber seinen Kameraden erzielt. Er war darüber außerordentlich zufrieden und freute sich.

So sind die Leute. Sie können nicht einschätzen, ob Freigiebigkeit belohnt wird oder nicht. So geben sie nur ein wenig und werden im Bereich der Götter wiedergeboren, wo sie unermessliches Glück erfahren. Dann bedauern sie es, nicht mehr gegeben zu haben, als sie die Chance dazu hatten. Betrachte Freigiebigkeit wie jenes farblose Stück Stoff, das sich dann tatsächlich als sehr wertvoll herausstellte. Es erzeugt große Freude und den Wunsch, man hätte mehr gegeben.

AFFEN-BOHNEN Vor langer Zeit ließ ein Affe, der eine ganze Hand voller Bohnen besaß, eine davon aus Versehen auf den Boden fallen. Als er das sah, warf er alle anderen Bohnen weg, um die Hand frei für die heruntergefallene Bohne zu haben. Bevor er sie jedoch aufheben konnte, hatten sich einige Hühner und Enten bereits über die weggeworfenen Bohnen hergemacht und sie alle gefressen.

Viele Mönche sind so. Sie halten die Gebote in Ehren, aber ein winziger Irrtum oder Fehler veranlasst sie, sie zu brechen und sie bedauern es nicht. Dieser Mangel an Bedauern schwächt ihre Entschlossenheit, sie weiterhin einzuhalten und schließlich werfen sie alles über den Haufen, einschließlich ihrer Zukunft. Sie sind wie der Affe, der eine Bohne verlor und so törichterweise alle anderen wegwarf.

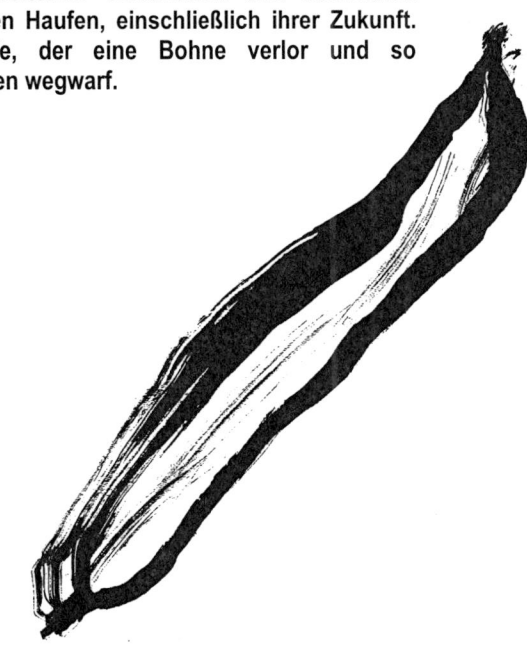

DAS GOLDENE STINKTIER Vor langer Zeit war ein Mann sehr lange auf einer Straße unterwegs. Als er einmal zu Boden schaute, entdeckte er ein Stinktier, das ganz aus Gold war. Die Vorstellung, das Stinktier als Weggefährte zu haben, erfreute ihn. So steckte er es in seine Tasche und setzte seine Reise fort.

Irgendwann kam er an einen Fluss und wollte ihn überqueren. Er zog all seine Kleider aus und legte sie sorgfältig auf den Boden. Dabei krabbelte das goldene Stinktier aus seiner Tasche und verwandelte sich in eine lebendige Schlange. Der Mann beobachtete dies und wurde sehr mitfühlend gegenüber der Schlange. „Ich will lieber von dieser Giftschlange getötet werden, als sie hier zurückzulassen", dachte er und langte nach der Schlange. „Ich werde sie in meiner Tasche aufbewahren."

Die Giftschlange war so gerührt von der Liebenswürdigkeit dieses Mannes, dass sie sich wieder in Gold verwandelte. Dies wurde von einem Dummkopf beobachtet, der mit ansah, wie die Giftschlange sich in Gold verwandelte. „Mensch!", dachte der Dummkopf, „ich wette, das ist immer so."

So machte sich der Tölpel auf die Suche nach einer Giftschlange. Endlich fand er eine. Als er versuchte, sie in seine Tasche zu stecken, biss ihn die Giftschlange in seine Hand und der arme Dummkopf starb.

Es gibt viele Einfältige, die rechtschaffene Personen dabei beobachten, wie sie Verdienste erlangen. Und in der Hoffnung, daraus ein wenig Vorteil zu erzielen, nehmen sie etwas von den Lehren auf. Aber sie sind nicht aufrichtig und fallen letzten Endes sowieso in die unheilvollen Bereiche zurück. Sie sind genau wie der Mann, der die Giftschlange fangen wollte, weil er glaubte, sie verwandele sich in Gold und der dann stattdessen von ihr gebissen wurde.

MÜNZEN ZÄHLEN Ein armer Mann entschloss sich, einen Spaziergang zu machen. Während er so dahin schlenderte, stieß er auf eine Tasche voller Goldmünzen. Er konnte sein Glück gar nicht fassen und begann sofort, die Münzen zu zählen, um festzustellen, wie viel er gefunden habe. Bevor er jedoch mit dem Zählen fertig war, tauchte plötzlich der Besitzer der Münzen auf und verlangte sein Eigentum. Der arme Kerl bedauerte nun sehr, dass er nicht sofort das Weite gesucht hatte.

Diejenigen, die dem Buddha-Dharma begegnen, sind manchmal genauso. Obwohl sie im Bereich der Drei Schätze angekommen sind, praktizieren sie weder die geschickten Mittel noch vollbringen sie gute Taten. Wenn ihr Leben dann zu Ende geht, fallen sie in die drei unheilvollen Bereiche. Dies ist wie bei dem Kerl, der die Goldmünzen fand und sie wieder verlor, als der Eigentümer sie zurückverlangte. Folgender Vers erklärt es:

**Heute folgt er diesem,
Morgen macht er jenes.
Den Vergnügen verhaftet, sieht er kein Leiden.
Nicht verstehend, dass der Räuber Tod kommt,
Ist er nur mit sich beschäftigt.
Eine Person mit solch mittelmäßigem Verständnis
Ist nicht verschieden von dem Dummkopf,
Der die Münzen in der Mitte des Weges zählte.**

WENIG EIGENTUM Vor langer Zeit gab es einmal einen armen Mann, der nur wenige Dinge besaß. Eines Tages ging ein wohlhabender Mann an ihm vorbei. Der arme Mann wurde von einem gewaltigen Verlangen erfasst, dem Reichen ebenbürtig sein zu wollen. Aber wie er es auch drehte und wendete, er konnte sich nicht vorstellen, wie dies möglich sein sollte. In Verzweiflung nahm er die wenigen Dinge, die ihm gehörten, und warf sie in die Mitte eines Sees. Ein Mann, der dies beobachtet hatte, kam herbei und sagte: „Du armer Dummkopf. Was du besitzt, mag vielleicht nicht viel sein, aber es reicht trotzdem für eine Weile zu deinem Lebensunterhalt. Warum hast du alles weggeworfen?"

Törichte Mönche sind manchmal so. Sie verlassen ihre Häuser und ihnen wird ein wenig Respekt und Ehre erwiesen, aber ihre Köpfe sind nach wie vor mit Verlangen gefüllt, die sie unzufrieden werden lassen. Wenn sie Mönche mit höherer Wertschätzung sehen, denen Opfergaben mit Respekt dargebracht werden – so wie den alten verdienstvollen Lehrern, die von allen verehrt werden – entwickelt sich bei ihnen Groll, dass sie nicht genauso behandelt werden. Aber sie haben sich dies noch nicht verdient. So lassen sie sich entmutigen und möchten den Weg verlassen. Dies verhält sich wie bei dem armen Mann, der dem Reichen ebenbürtig sein wollte und es nicht konnte. Daher warf er alle ihm gehörenden guten Dinge weg.

DAS GIERIGE KIND Eines Tages wurde ein Kindermädchen, das ein Kind schon eine ganze lange Zeit getragen hatte, sehr müde davon und entschloss sich, ein kleines Nickerchen am Straßenrand zu machen. Während sie schlief, kam ein Mann vorbei, der stehenblieb, und das Kind betrachtete. Er nahm ein paar süße Kuchen aus seinem Gepäck und gab sie dem Kind, das sie sofort gierig verschlang. Während sich das Kind an der Seite des schlafenden Kindermädchens den Mund vollstopfte, nahm der Mann die Halskette des Kindes weg. Dann stahl er auch noch die anderen Schmuckstücke und Kleider des Kindes und floh so schnell er nur konnte.

Viele Mönche sind ebenso. Sie genießen weltliche Dinge und gieren nach ein wenig Respekt. Aber ihre Leidenschaften stecken in ihnen wie ein Dieb, der ihnen ihre Rechtschaffenheit und die juwelengeschmückten Gebote stiehlt. Dies kommt dem Kind gleich, das gierig nach ein bisschen Kuchen war und als Ergebnis alles, was ihm gehörte, an den Räuber verlor.

206

DIE FRAU UND DER BÄR Vor langer Zeit gönnte sich eine Frau im Wald unter einem Baum eine Ruhepause. Plötzlich tauchte ein Bär auf und versuchte sie anzugreifen, aber die alte Frau sprang noch rechtzeitig auf und rannte um den Baum herum, um ihm zu entkommen. Der Bär folgte ihr, hielt den Baum mit einer Tatze und versuchte mit der anderen die Frau zu erwischen. Plötzlich zog die alte Frau ein paar Zweige zusammen und klemmte den Arm des Bären ein, auf dass er sich nicht mehr bewegen konnte.

Gerade in diesem Augenblick kam ein Mann daher. Die alte Frau rief ihm zu: „Fange den Bären mit mir, hilf mir, ihn zu töten, und wir können uns sein Fleisch teilen." Das gefiel dem Mann und da er keinen Grund hatte, der alten Frau zu misstrauen, packte er den Bären von hinten. Als die alte Frau sah, dass der Mann den Bären ergriffen hatte und ihn fest hielt, rannte sie weg und ließ den Mann mit dem wütenden Bären allein. Solch ein Narr wurde von jedem verlacht.

Leute mit geringerem Verständnis sind gleichermaßen. Sie denken sich viele Theorien aus und entwickeln ihre Argumente mit langen, verwirrenden Sätzen und einfallsreichem Wortschatz. Letzten Endes können sie ihrer eigenen Logik nicht mehr folgen und verwerfen ihre Theorien gänzlich. Jahre später, wenn diese Theorien von anderen gehört werden, versuchen diese sie zu verstehen, aber all ihre Bemühungen lassen sie irregeführt und verwirrt zurück. Genau wie der Narr, der der alten Frau vertraute und den Bären fing, sind sie hoffnungslos darin verfangen.

DAS JUWEL UND DIE WASSERLEITUNG Vor langer Zeit hatten ein Mann und eine Frau einmal eine außereheliche Affäre. Eines Tages als sie sich gerade im Bett vergnügten, kam der Ehemann der Frau unerwartet nach Hause zurück. Das Liebespaar war so unvorsichtig ins Haus geeilt, dass der Ehemann schon bevor er noch durchs Tor ging, genau wusste, was los war. So blieb er vor dem Haus stehen und wartete auf den Ehebrecher, um ihn zu töten, wenn er herauskommt. Plötzlich schaute die Frau aus dem Fenster, entdeckte ihren Ehemann und sagte schnell zu ihrem Liebhaber: „Mein Mann hat alles herausgefunden. Es gibt keinen anderen Weg zu entkommen, außer durch das *Mani*.[33] Verschwinde jetzt schnell auf diesem Weg."

Sie wollte, dass er durch die Wasserleitung entkommt, da aber *Mani* auch „Juwel" bedeutet, verstand der Geliebte sie falsch und durchsuchte stattdessen das Haus, in der Hoffnung das Juwel zu finden. Indessen wurde der Ehemann des Wartens müde. Er stürmte ins Haus und tötete den Ehebrecher ohne noch ein Wort zu verlieren.

[33] *Mani*: Dieses Sanskrit Wort bedeutet gewöhnlich „Juwel" oder „großes Wassergefäß". Die Anmerkung von Gunavriddi sagt aus, dass eine weitere Bedeutung des Wortes auch „Wasserleitung" ist.

Leuten mit geringer Auffassungsgabe wird gesagt: „Im Kreislauf von Geburt und Tod gibt es Unbeständigkeit und Leid, Leere und Nicht-Selbst. Lasse die falschen Ansichten über das Nichts und über die Beständigkeit fallen und verbleibe auf dem mittleren Weg. Wenn du dies befolgst, wirst du Befreiung erlangen." Aber sie verstehen diese Worte falsch und versuchen herauszufinden, ob die Welt ein Ende hat oder unendlich lang existiert, ob es ein Selbst gibt oder nicht. Sie stellen allerlei Fragen, die zeigen, dass sie die Bedeutung des mittleren Weges nicht verstehen. Bald schon, durch die Realität der Unbeständigkeit, ist ihr Leben zu Ende und sie fallen in die drei unheilsamen Bereiche. Dies ist wie bei dem Narren, der missverstand, was ihm gesagt wurde und nach einem Juwel anstatt nach der Wasserleitung suchte. Während er seine Zeit vertrödelte, verlor er sein Leben.

EIN TAUBENPAAR Ein Taubenpaar, ein Männchen und ein Weibchen, teilten sich ein Nest. Als im August die Nüsse reif waren, sammelten sie sie und füllten ihr Nest damit. Nach einiger Zeit trockneten die Nüsse jedoch aus und schrumpften. Dadurch war ihr Nest jetzt nur bis zur Hälfte gefüllt. Als das Taubenmännchen dies bemerkte, wurde es wütend auf seine Partnerin. „Das Sammeln der Nüsse war eine Schufterei", sagte es, „und nun hast du die Hälfte davon gefressen."

Das Taubenweibchen antwortete: „Ich habe sie nicht gefressen. Alle Nüsse sind noch hier, aber sie sind kleiner geworden."

Das Männchen glaubte ihr nicht und entbrannte vor Wut. „Wenn du sie nicht gefressen hast", erwiderte es, „warum haben wir dann weniger?" In seiner Empörung hackte das Männchen mit seinem spitzen Schnabel auf das Weibchen ein, bis es tot war.

Einige Tage später fiel heftiger Regen, die Nüsse wurden nass und sofort schienen es genauso viele wie vorher zu sein. Als das Taubenmännchen dies feststellte, schämte er sich schrecklich wegen seines Verhaltens und dachte: „Nun hat sie sie doch nicht gefressen. Ich habe sie ganz ohne Grund umgebracht."

In seinem Kummer schrie es aus: „Wo bist du? Wo bist du hingegangen?"

Es gibt viele Leute, die völlig verwirrt sind. Sie verfolgen das Vergnügen als könne es ewiglich andauern und verstehen die Unbeständigkeit nicht. Sie machen gerade was ihnen beliebt und brechen wichtige Verbote; und später haben sie Gewissensbisse und verspüren Kummer. Wofür soll das gut sein? Sie sind wie der dumme Täuberich, der irrtümlich seine Partnerin tötete.

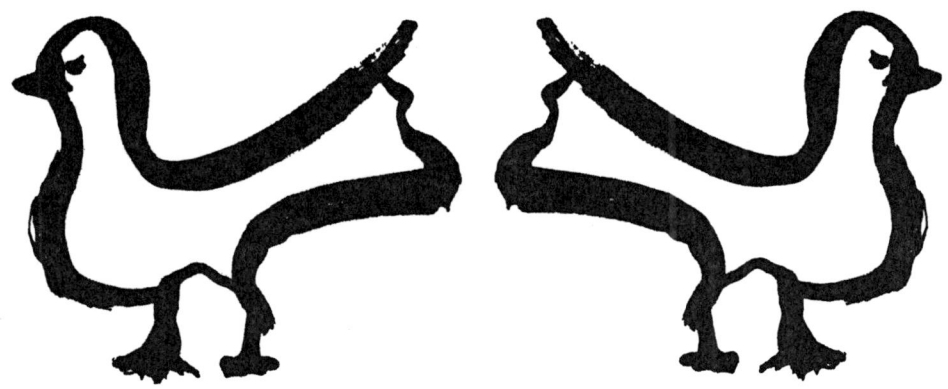

DER MANN, DER SEINE AUGEN HERAUSRISS Es war einmal ein Handwerker, der für einen anspruchsvollen König arbeitete. Nachdem er viele Jahre unter schwierigsten Umständen gearbeitet hatte, beschloss er, dass es so nicht weiter gehen könne. So log er und erzählte überall herum, dass er erblindet wäre. In der Tat entließ ihn der König aus seiner Pflicht, als er von der Blindheit erfuhr. Dies kam einem anderen Handwerker zu Ohren und um nun selbst die harte und undankbare Arbeit zu vermeiden, ging er sogar noch einen Schritt weiter. Er riss sich die Augen aus dem Kopf. „Unglaublich!", meinte ein vorbeikommender Besucher zu ihm. „Warum um alles in der Welt hast du dich selbst verletzt und dir so viel Schmerz zugefügt? Das macht doch überhaupt keinen Sinn." Als die anderen Leute diese Geschichte hörten, lachten sie über die Dummheit dieses Einfältigen.

Leute, die nur wenig Verständnis besitzen, handeln so. Um ein bisschen Ruhmes- oder Vorteilswillen geben sie falsche Begründungen ab und brechen die Gebote. Wenn sie dann sterben, fallen sie in die drei unheilvollen Bereiche. Dies ist genau wie bei dem Einfaltspinsel, der sich wegen eines kleinen Vorteilswillen die Augen herausriss.

DIE VERSTECKTE MÜNZE Eines Tages reisten zwei Männer durch ein unwegsames Moor. Einer von ihnen trug vornehme Kleidung. Plötzlich wurden sie von einem Räuber angegriffen, der diese feinen Kleidungsstücke vom Körper des einen herunterriss. Als der Dieb damit beschäftigt war, entkam der andere Mann in das nahegelegene hohe Gras.

Vor der Reise hatte der Bestohlene in seine Kleidung ein Goldstück eingenäht, also sprach er zu dem Dieb: „Diese Sachen sind mir ein ganzes Goldstück wert. Ich bitte dich, lass sie mich zurückkaufen."

Der Räuber war damit einverstanden, nur wollte er zuerst das Gold auch sehen. So trennte der Mann das Goldstück aus dem Stoff und zeigte es dem Räuber. „Dies ist richtiges Gold", sagte er zu ihm, „wenn du mir nicht glaubst, frag den Goldschmied, der sich dort im Gras versteckt."

Da ging der Räuber zum Gras hinüber, fand den Goldschmied und nahm auch ihm die Kleider weg. Letzten Endes verlor der Dummkopf nicht nur seine Bekleidung und sein Goldstück, sondern war auch noch für den Verlust des anderen verantwortlich.

Viele Menschen praktizieren Meditation und engagieren sich in verdienstvollen Taten, trotzdem bleiben sie in ihren eigenen Leidenschaften gefangen. Als Ergebnis verlieren sie ihre gute Übung und die erworbenen Verdienste. Sie handeln in solch einer Weise, dass sie nicht nur ihre eigenen Früchte des Dharma-Weges verlieren, sondern auch einen Verlust bei anderen verursachen. Wenn sie dann sterben, fallen sie in die drei unheilvollen Bereiche. Dies ist wie bei dem Dummkopf, der seine Bekleidung und seine Münze verlor und auch für das Unheil, das einem anderen Mann zustieß, verantwortlich war.

DIE SCHILDKRÖTE Vor langer Zeit fand ein Kind, das am Strand spielte, eine große Schildkröte. Das Kind wollte die Schildkröte töten, aber es wusste nicht, wie es dies machen sollte. Als es seinen Fund so anstarrte, kam ein alter Mann vorbei. Also fragte das Kind: „Wie kann ich diese Schildkröte umbringen?" Der alte Mann antwortete dem Kind: „Du brauchst sie nur einfach ins Wasser zu werfen. Dann wird sie auf der Stelle sterben."

Das Kind glaubte dem Mann und tat sofort, wie er ihm geraten hatte. Aber natürlich schwamm die Schildkröte schnell davon, sobald sie im Wasser war.

Viele Menschen verhalten sich wie dieses Kind. Sie möchten die sechs Sinneswurzeln bewachen und verdienstvolle Taten vollbringen, aber sie wissen nicht wie und fragen wahllos andere Leute: „Was ist der Weg der Befreiung?" Dann sagen ihnen fehlgeleitete Lehrer oder Leute mit verkehrten Ansichten: „Folge einfach deinem eigenen Willen, lass deinen Wünschen freien Lauf und du wirst sicherlich Befreiung erlangen."

Dummköpfe denken darüber nicht sorgfältig genug nach; sie befolgen einfach was ihnen gesagt wird. Ganz gewiss fallen sie in die drei unheilvollen Bereiche, wenn ihre Körper verfallen und ihr Leben zu Ende geht. Dies ist wie bei dem dummen Kind, dem geraten wurde, die Schildkröte ins Wasser zu werfen.

Diese Abhandlung, die ich zusammengestellt habe,
ist mit lustigen Worten und Lachen gemischt.
Aber selbst diese Worte können die wahren Lehren
verletzen,
so erforsche für dich selbst, ob sie dir wahr erscheinen.
Dieses Traktat ist wie bittere Medizin mit Zucker
vermischt;
sie beseitigt Krankheit.
Gelächter inmitten rechter Lehren
mag mit dem Elixier von Buddhas
gelassenem und friedvollem Weg verglichen werden;
es erhellt die Welt.
Mit diesen Geschichten habe ich versucht,
vielleicht den Gleichmut des Weges aufzuzeigen.
Wie das Spülen der Eingeweide
oder das Bedecken des Körpers mit wohlriechendem Öl,
wie die Medizin der Unsterblichkeit,
eingewickelt in ein Blatt, –
und nach dem Gebrauch der Medizin
wird das Blatt weggeworfen.
Lachen ist wie ein Einpackpapier,
die wahre Lehre ist innen drinnen;
die Weisen sollten die wahren Lehren nehmen
und das Lachen fortwerfen.

Mönch Sanghasena hat die Blumengirlande
der Narren abgeschlossen.

ÜBERSICHT ÄHNLICHER GESCHICHTEN

Einhundert Parabel Sutra[1]	Ozean der Geschichte[2]	Panchatantra[3]	Sutra Verschiedener Parabeln[4]	Sutra Verschiedener Parabeln[5]	Ausgewählter Jataka[6]	Avandana[7]
1	94					98
2	95			6		95
3	96					43
4	102					
5	106					
6	107					
7	108					
8	90					
9	109					57
11	110					
13	111					
15	112					
17	113					51
19	114					69
20	115					103
21	116					49

(Bd. 1)

[1] Baiyu-jing. *Taisho Shinsyhu Daizokyo*, Bd. 4.

[2] Tawney, C.H., Übers., *The Ocean of Story*. London: Chas. J. Sawyear, Ltd., 1926.

[3] Ebenda. Bd.V, S. 134, Anmerkung 2.

[4] Zapiyu-jing. *Taisho Shinsyhu Daizokyo*, Bd. 4, Nr. 207. Hikata Ryusho, *Honshokyo-rui no Shiso Kenkyu*.

[5] Zhongjingxian Piyu-jing. *Taisho Shinsyhu Daizokyo*, Bd. 4, Nr. 208. Ebenda.

[6] Cowell, E. B., Hrsg., *The Jataka — Stories of the Buddha's Former Births*. London: Luzac & Company, 1969.

[7] Liebrecht, Felix, Hrsg., *Avadanas. Orient und Occident*, Bd. I, Paris, 1859.

	Einhundert Parabel Sutra[1]	Ozean der Geschichte[2]	Panchatantra[3]	Sutra Verschiedener Parabeln[4]	Sutra Verschiedener Parabeln[5]	Ausgewählter Jataka[6]	Avandana[7]
(Bd. 2)	22	85					80
	24	86					67
	25	87					70
	28	88					
	30	89					
	32	91					71
	33	92					
	36	93					
	40	100					
(Bd. 3)	42	126					104
	44	127					66
	45	128					
	46	129					
	47	130					
	50	131					
	52	134					
	53	135					
	54	136	5-14	25			
	55	119					

221

Einhundert Parabel Sutra[1]	Ozean der Geschichte[2]	Panchatantra[3]	Sutra Verschiedener Parabeln[4]	Sutra Verschiedener Parabeln[5]	Ausgewählter Jataka[6]	Avandana[7]
56	120					
57		14				
58						17
60	125					46

(Bd. 4)

Einhundert Parabel Sutra[1]	Ozean der Geschichte[2]	Panchatantra[3]	Sutra Verschiedener Parabeln[4]	Sutra Verschiedener Parabeln[5]	Ausgewählter Jataka[6]	Avandana[7]
70	117					37
72	137					
77	138					
78	139					
80	141					
88					176	
90	143					
93	145					

KAZUAKI TANAHASHI ist ein Künstler, Schriftsteller, Übersetzer sowie Friedens- und Umweltaktivist, der in Japan geboren wurde und dort Malerei und Kalligraphie studierte. Neben seinen englischen Publikationen als Autor oder Übersetzer wie Dogen Zenjis *Shobogenzo, Moon in a Dewdrop*, *Miracles of the Moment* und *Enlightment Unfolds* sind von ihm folgende deutsche Titel erhältlich: *Der Zen-Meister Hakuin Ekaku* und *Zen-Geist, Zen-Kunst*.

PETER LEVITT wurde mit dem Lannan Preis für Poesie ausgezeichnet und ist Autor von *Bright Root, Dark Root*; *One Hundred Butterflies* und dem kürzlich veröffentlichten *Fingerpainting on the Moon*. Er redigierte und schrieb auch die Einleitung zu Jakusho Kwong Roshis *Kein Anfang kein Ende: Die Essenz des Zen* und zu Thich Nhat Hanhs *Mit dem Herzen verstehen*.

BEMERKUNG ZU DEN ILLUSTRATIONEN Die Kalligraphien für die *Narren* wurden von Kazuaki Tanahashi speziell für dieses Buch erstellt.

BEMERKUNG ZUR TYPOGRAPHIE Der Text dieses Buches wurde in Perpetua gesetzt, dem ersten von Eric Gill (1882–1940) gestalteten Schriftbild. Er war Steinmetz, Bildhauer und Schriftgestalter. Die Schriftart basierte auf Gills römischer Schrift, die selbst eine Adaption der klassischen römischen Schriftform war, die auf der Trajan Säule gefunden wurde. Der Name entstammt einer limitierten Buchauflage, The *Passion of Perpetua and Felicity*, herausgegeben 1928, für die sie das erste Mal benutzt wurde. Der kursive Schrifttyp hieß ursprünglich Felicity. Perpetua Buchstaben sind einfach und klassisch in ihrer Form. Ihr klares kantiges Aussehen erinnert an Gills Steinschnitzarbeiten und gibt ein exzellentes Text-Schriftbild. Insbesondere die Serifen sind scharf geschnitten. Sie wurde um 1928 von der Lanston Monotype Corporation, London, in Umlauf gebracht. Die fließende Anmut, ihre Eleganz und stattliche Struktur machen diese Schriftform zu einer der schönsten Schrifttypen.

BEMERKUNG ZUR DEUTSCHEN AUSGABE Meinen herzlichen Dank an Andrea Liebers für das Lektorieren und Kurt Oberndorfer für seine Unterstützung beim Korrekturlesen. — *Regina Oberndorfer*